Entrevista de Trabajo

Prepárese para ser contratado: las 100 preguntas más frecuentes y las respuestas ganadoras

© Copyright 2019

Todos los Derechos Reservados. Está prohibida la reproducción total o parcial de este libro sin la autorización por escrito del autor. Los críticos pueden citar pasajes breves en sus revisiones.

Aviso Legal: Está prohibida la reproducción total o parcial de este libro en cualquier forma y cualquier medio, mecánico o electrónico, incluyendo fotocopiado o grabaciones, o mediante cualquier otro dispositivo de almacenamiento y recuperación de información, o por correo electrónico sin la autorización por escrito del editor.

Si bien se han realizado todos los intentos para verificar la información proporcionada en esta publicación, el autor y el editor se deslindan de toda responsabilidad por errores, omisiones o interpretaciones contrarias del tema.

Este libro es sólo para fines de entretenimiento. Las opiniones expresadas pertenecen al autor y no deben tomarse como instrucciones u órdenes de expertos. El lector es responsable de sus propias acciones.

El cumplimiento de todas las leyes y regulaciones aplicables, incluidas las leyes internacionales, federales, estatales y locales que rigen las licencias profesionales, las prácticas comerciales, la publicidad y todos los demás aspectos de hacer negocios en los Estados Unidos, Canadá, el Reino Unido o cualquier otra jurisdicción, es responsabilidad exclusiva del comprador o lector.

El autor y el editor se deslindan de toda responsabilidad u obligación alguna en nombre del comprador o lector de este material. Cualquier percepción individual u organización es puramente involuntaria.

Indice

INTRODUCCIÓN 1
HABLE ACERCA DE USTED 8
    CUÉNTEME ACERCA DE USTED 8
    ¿CÓMO LO DESCRIBIRÍA ALGUIEN A QUIEN NO LE GUSTA? 10
    ¿SE ARREPIENTE DE ALGO? 11
    ¿QUÉ HARÍA DIFERENTE SI USTED TUVIERA QUE VOLVER A VIVIR LOS ÚLTIMOS 10 AÑOS? 11
    ¿CÓMO ES EL TRABAJO DE SUS SUEÑOS? 12
    ¿ERES UN SEGUIDOR O UN LÍDER? 12
    ¿CUÁL FUE SU TRABAJO FAVORITO? 13
    ¿CUÁL ES EL TRABAJO QUE MENOS LE HA GUSTADO? 14
    ¿QUÉ LO HA INSPIRADO Y POR QUÉ? 15
    ¿QUÉ HERRAMIENTAS Y TÉCNICAS UTILIZA PARA ORGANIZARSE? 15
    ¿CUÁL ES SU MISIÓN PERSONAL? 16
    ¿CUÁL ES SU MAYOR LOGRO ADEMÁS DEL TRABAJO? 16
    CUÉNTEME ALGO ACERCA DE USTED QUE NO QUIERE QUE YO SEPA 16
    ¿CUÁL ES SU RECUERDO FAVORITO DE CUANDO ERA UN ADOLESCENTE? .. 17
    ¿USTED QUIERE QUE LE SIGAN POR TEMOR O PORQUE ES AGRADABLE? ... 17
    ¿CUÁL ES SU FRASE FAVORITA? 17

¿HAY UNA FIGURA QUE CONSTITUYA SU MODELO A SEGUIR? ¿QUIÉN ES Y POR QUÉ? 18
¿USTED A QUIÉN RESPETA Y POR QUÉ? 18
¿A QUIÉN ADMIRA Y POR QUÉ? 19
¿SE NEGARÍA A TRABAJAR CON ALGUIEN? 19
¿QUÉ LE GUSTARÍA HACER EN SU VIDA SI TUVIERA QUE ELEGIR? 20
DEME UN EJEMPLO DE SU VIDA PERSONAL EN EL QUE HAYA SIDO DESHONESTO CON ALGUIEN 20
¿QUÉ EXPERIENCIA TRAUMÁTICA HA EXPERIMENTADO EN SU VIDA PERSONAL? 20
DIGA QUE ES LO MÁS IMPORTANTE QUE HA APRENDIDO EN LA VIDA 21
¿QUÉ ES A LO QUE MÁS LE TEME? 21
¿CREE QUE ES NECESARIO HACER NUEVAS RELACIONES? 22
¿CÓMO LO DESCRIBIRÍA UN AMIGO? 22

SEA PROFESIONAL 24

AHORA ECHEMOS UN VISTAZO A LAS RESPUESTAS ESPECÍFICAS DE LAS PREGUNTAS. 26
GUÍEME A TRAVÉS DE SU CURRÍCULO 26
¿QUÉ PROBLEMAS Y DESAFÍOS ENFRENTÓ EN SU ÚLTIMO TRABAJO? 27
¿TIENE ALGUNA EXPERIENCIA DE LIDERAZGO? 27
¿QUÉ LOGRO LE DIO LA MAYOR SATISFACCIÓN? 28
¿HA USADO SU CREATIVIDAD PARA RESOLVER UN PROBLEMA? 28
¿QUÉ HABILIDAD TÉCNICA LE HA AYUDADO MÁS? 29
¿HA APRENDIDO O HA DESARROLLADO ALGUNA NUEVA HABILIDAD RECIENTEMENTE? 29
¿QUÉ COSAS HA LOGRADO QUE LO HACEN ESTAR MÁS CALIFICADO EN SU CARRERA? 30
¿HA APRENDIDO ALGO DURANTE EL ÚLTIMO AÑO? 30
¿HA TENIDO ALGUNA EXPERIENCIA ÚNICA QUE LO DISTINGA DE LOS DEMÁS? 31
CUÉNTEME SOBRE UN INCIDENTE QUE HAYA VIVIDO QUE DEMUESTRE LA FORMA EN LA QUE USTED AFRONTA UN RETO Y LA FORMA EN QUE LIDIA CON ELLO 31
¿POR QUÉ LE DIERON UN ASCENSO? 32

¿ADQUIRIÓ ALGUNA HABILIDAD DURANTE SUS PASANTÍAS? 32

¿ALGUNA VEZ USTED HA TENIDO QUE HACERLE ALGÚN COMENTARIO DIFÍCIL A UNA PERSONA Y CÓMO LIDIÓ CON ELLO? 32

¿USTED SE HA REPORTADO ENFERMO EN EL TRABAJO POR MÁS DE UN PAR DE DÍAS? 33

¿QUÉ HACE PARA SER MÁS EFECTIVO? 33

CUÉNTEME ACERCA DE UN MOMENTO DONDE HAYA DEMOSTRADO UN GRAN LIDERAZGO 34

HÁBLEME DE UN MOMENTO DONDE DEMOSTRÓ UNA GRAN CREATIVIDAD 36

HÁBLEME ACERCA DE UN MOMENTO DONDE HAYA DEMOSTRADO SER UN BUEN COLABORADOR 37

HÁBLEME ACERCA DE UN MOMENTO EN EL QUE HAYA DEMOSTRADO GRANDES HABILIDADES DE ANÁLISIS 38

LO MEJOR Y LO PEOR DE USTED 40

HÁBLEME DE UN MOMENTO EN EL QUE SE ARREPINTIÓ DE LA DECISIÓN QUE TOMÓ 40

¿CUÁL ES SU MAYOR FRACASO? 42

¿CÓMO DEFINE EL FRACASO? 43

¿CUÁL ES SU MAYOR DEBILIDAD? 43

SI UN ANTIGUO GERENTE LE PREGUNTARA QUÉ 3 COSAS LE GUSTARÍA QUE MEJORARA, ¿QUÉ LE RESPONDERÍA? 43

¿DE QUÉ LOGRO ESTÁ MÁS ORGULLOSO? 44

¿CÓMO MANEJA EL ESTRÉS? 45

¿CÓMO EQUILIBRA EL TRABAJO Y SU VIDA PRIVADA? 45

¿USTED ES COMPETITIVO? 46

¿CUÁLES SON SUS MEJORES HABILIDADES? 46

HÁBLEME DE UNA VEZ QUE COMETIÓ UN ERROR DEBIDO A QUE NO ESCUCHÓ BIEN LO QUE LE DIJERON 46

¿USTED ALGUNA VEZ HA TENIDO QUE HACER UN AJUSTE DIFÍCIL? ¿CUÁL FUE? ... 47

¿POR QUÉ HACEN ESTA PREGUNTA? HABRÁ CAMBIOS CONSTANTES EN EL LUGAR DE TRABAJO, Y EL ENTREVISTADOR QUIERE SABER CÓMO PUEDE SOBRELLEVAR ESTO 47

DELES EJEMPLOS DE CAMBIOS QUE USTED HAYA HECHO Y QUE SEAN RELEVANTES PARA EL TRABAJO PARA EL QUE LO ESTÁN ENTREVISTANDO. DÍGALES CUÁL FUE EL DESAFÍO, CÓMO LO SUPERÓ Y EL RESULTADO: 47

¿ALGUNA VEZ HA JUZGADO MAL A ALGUIEN? 48

¿QUE APRENDIÓ DE SUS ERRORES? 48

DESCRIBA UN MOMENTO EN EL QUE NO ESTUVO COMPLETAMENTE SATISFECHO CON SU ACTUACIÓN. ¿CÓMO LO RESOLVIÓ? 48

¿QUÉ CRITICA HA RECIBIDO QUE HAYA SIDO LA MÁS ÚTIL PARA USTED? 49

¿EN QUÉ DESTACA? 49

¿ALGUNA VEZ HA TENIDO QUE TOMAR UNA DECISIÓN SIN TENER TODA LA INFORMACIÓN QUE NECESITABA? 50

¿QUÉ DIRÍA SU SUPERVISOR ANTERIOR SI LE PREGUNTARAN CUÁL ES SU PUNTO MÁS FUERTE? 50

¿CUÁL ES LA PARTE MÁS DIFÍCIL DE SER UN (NOMBRE DEL TRABAJO)? 51

¿CUÁL ES SU MAYOR FORTALEZA? 51

¿CUÁL ES SU MAYOR DEBILIDAD? 53

¿USTED LOS CONOCE? 55

¿QUÉ ES LO PRIMERO QUE HARÁ? 55

¿CÓMO SUPO DE NOSOTROS? 57

¿QUÉ SABE DE NOSOTROS? 58

SU FUTURO 60

¿QUÉ TAN PRONTO QUIERE CREAR IMPACTO? 61

¿CUÁLES SON SUS METAS? 62

¿TIENE OBJETIVOS Y METAS A CORTO PLAZO? ¿POR QUÉ? ¿CUÁNDO CUMPLIRÁ ESTOS OBJETIVOS? ¿CÓMO SE ESTÁ PREPARANDO PARA LOGRARLOS? 62

¿PUEDE MANEJAR LA PRESIÓN? 64

¿CUÁNDO SE ENOJÓ POR ÚLTIMA VEZ? 66

¿ALGUNA VEZ USTED HA AYUDADO A RESOLVER UNA DISPUTA ENTRE COMPAÑEROS DE TRABAJO? 67

¿CÓMO LE DIRÍA A SU JEFE QUE ESTÁ 100% EQUIVOCADO SOBRE ALGO? 70

¿DESPEDIRÍA A UNA PERSONA SI FUERA NECESARIO? 71

HÁBLEME ACERCA DE UN MOMENTO EN EL QUE PERMANECIÓ FIRME 71
¿CUÁL ES SU TOLERANCIA AL RIESGO? 74

¿QUÉ ESTÁ BUSCANDO? 77
¿CUÁNDO PUEDE COMENZAR? 77
¿POR QUÉ NO ES SU SALARIO MÁS ALTO EN ESTE MOMENTO DE SU CARRERA? 78
¿QUÉ ES LO MÁS IMPORTANTE PARA USTED EN ESTE PUESTO? 79
¿CUÁNTAS HORAS QUIERE TRABAJAR? 80
¿CUÁL ES SU DISPONIBILIDAD? 81

¿FUE USTED O FUERON ELLOS? 82
¿POR QUÉ DEJÓ SU ÚLTIMO TRABAJO? 82
¿QUÉ RESPONSABILIDADES TENÍA EN SU ÚLTIMO TRABAJO? 84
¿QUÉ NO LE GUSTÓ DE SU TRABAJO ANTERIOR? 85
¿QUÉ JEFE FUE EL PEOR? 85
¿POR QUÉ RENUNCIÓ A SU ÚLTIMO TRABAJO? 86
¿POR QUÉ HA TENIDO TANTOS TRABAJOS? 87

¿CUÁLES SON SUS RAZONES? 88

CÓMO VENDERSE 91
¿POR QUÉ USTED ES EL MEJOR CANDIDATO? 92

AHORA ES SU TURNO 94
¿TIENE ALGUNA PREGUNTA? 95

CONCLUSIÓN 97

Introducción

Lo más probable es que esté buscando obtener un nuevo trabajo. Tal vez espera conseguir el trabajo de sus sueños o bien usted podría estar buscando su primer trabajo. Incluso podría ser que haya decidido hacer un cambio de carrera. No importa la razón, ha venido al lugar correcto. Acceder a la entrevista es el primer paso para asegurarse de obtener el trabajo que desea.

Por suerte para usted, la entrevista es una habilidad que cualquiera puede dominar fácilmente. Poseer un intelecto superior o fuerza física no es necesario. Todo lo que necesita es un plan de juego y un poco de práctica. Este libro le proporcionará todo lo que necesita saber para crear ese plan de juego. La clave para hacer una entrevista es saber cómo responder las preguntas correctamente.

La mayoría de las entrevistas de trabajo se clasificarán en tres categorías. Casi el 70 por ciento de las entrevistas son decepcionantes. Las personas no están preparadas y luchan por todas las preguntas, proporcionando respuestas que son vagas o que ni siquiera responden la pregunta.

El próximo 20 por ciento son entrevistas bastante decentes. Las personas se aseguran de estar preparadas y brindan respuestas relevantes y claras.

El último diez por ciento es el mejor de los mejores. Pueden responder las preguntas con confianza. Hacen que la entrevista sea divertida y que el trabajo del entrevistador sea más fácil. Estas personas podrán obtener el trabajo que deseen.

El objetivo de este libro es ayudarlo a convertirse en ese tercer grupo. Los mejores candidatos no son necesariamente los más dotados. No tienen una fórmula secreta para tener una entrevista increíble. Su clave del éxito está en la preparación. Investigan y descubren qué preguntas se hacen con mayor frecuencia y se preparan para responderlas.

Los estudiantes de negocios a menudo serán muy buenos en el proceso de la entrevista porque aprenden qué preguntas se hacen con mayor frecuencia y la mejor manera de responderlas. También practican con otros. Básicamente, ensayan para su entrevista.

Desafortunadamente, hay muchos otros estudiantes y personas que no reciben este tipo de preparación. Es una locura pensar que esto no es parte del plan de estudios universitario, teniendo en cuenta que todos esos estudiantes querrán conseguir un trabajo una vez que se gradúen. Puede que estén listos para el trabajo, pero no están listos para demostrar que valen el tiempo y el dinero.

Analizaremos once categorías diferentes de preguntas que se hacen con mayor frecuencia durante las entrevistas. Esto también incluye el "¿tiene alguna pregunta?". Esta es probablemente la parte más difícil del proceso de la entrevista. Tendrá que personalizar sus respuestas de acuerdo con su experiencia, pero las respuestas proporcionadas en este libro le ayudarán a orientarle en la mejor dirección.

Imagine lo bien que se sentirá cuando salga de la entrevista sabiendo que lo logró. Si usted sigue los consejos de este libro, experimentará esa sensación.

La habilidad también será útil en otras áreas de su vida para que pueda ser más persuasivo. Las habilidades de entrevista pueden ayudarlo no solo a conseguir un trabajo, sino también a persuadir a otras personas. Eso significa que este libro puede ser útil incluso si no planea encontrar un nuevo trabajo.

Antes de entrar en las preguntas, echemos un vistazo a algunos pasos que puede seguir para asegurarse de estar completamente preparado para su entrevista.

Primero, es importante que investigue un poco sobre el tipo de trabajo. Una simple búsqueda en Google le proporcionará miles de descripciones de muestra. A partir de ahí, puede anotar las principales responsabilidades que requerirá el trabajo. Esto le ayudará a prepararse para las preguntas y lo ayudará a diferenciarse de otras personas que solicitan el trabajo. Una vez que haya descubierto lo que su empleador está buscando, podrá preparar las mejores respuestas.

A continuación, investigue algunos detalles específicos del trabajo. Si puede, encuentre una descripción del trabajo específico que desea obtener. Los empleadores a veces publican descripciones de trabajo para sus puestos vacantes en línea. Si no puede encontrar uno, comuníquese con una persona de la empresa y solicite uno. La mayoría de las veces, los gerentes de recursos humanos o de contratación con gusto le proporcionarán una descripción del trabajo. Lea la descripción y escriba algunas notas sobre lo que esperan. Esto le proporcionará una hoja de trucos para crear sus respuestas. Esto es muy parecido a obtener las respuestas para una prueba antes de tener que tomarla. Los empleadores generalmente le harán saber exactamente lo que quieren de usted. Asegúrese de enmarcar sus respuestas para que resalten sus habilidades con las responsabilidades necesarias.

A continuación, prepárese para los diferentes tipos de preguntas. La mayoría de las preguntas de la entrevista se dividirán en seis grupos principales. Hay diferentes variaciones, que abordaremos, pero la preparación para estas seis categorías es típica:

    1. Apertura: Estas preguntas normalmente involucrarán sus antecedentes, experiencia laboral y educación.

    2. Interés: Estas son preguntas acerca de sus intereses.

    3. Ajuste: Estas preguntas ayudan al entrevistador a determinar si usted es un buen candidato para su posición. A veces se les conoce como preguntas de comportamiento

porque pueden preguntarle cómo actuaría en una situación determinada.

4. Caso: Estas preguntas están hechas para poner a prueba sus habilidades de pensamiento.

5. Preguntas Extrañas: Estas son preguntas para ver qué tan bien puede pensar y si tiene los pies sobre la tierra.

6. Cierre: Se utilizan para obtener los últimos datos que el entrevistador pueda necesitar para tomar su decisión.

Este libro, sin embargo, se ha dividido en once tipos de preguntas. Esto se debe a que algunas de las categorías anteriores se pueden desglosar aún más para ayudarlo a prepararse más para la entrevista. Cubriremos:

1. Preguntas personales
2. Preguntas sobre su experiencia
3. Preguntas sobre sus fortalezas y debilidades
4. Preguntas sobre el puesto y la empresa
5. Preguntas sobre el futuro
6. Preguntas para ver cómo maneja el estrés
7. Preguntas sobre lo que usted puede esperar de la empresa

Qué debe y qué no debe hacer

Ahora repasemos algunas cosas que debe tener en cuenta:

- Sea agradecido: El entrevistador está usando su tiempo para hablar con usted. Asegúrese de hacerle saber que usted lo aprecia. Comience la entrevista con un "gracias" y termine la entrevista con un "gracias". Hágale seguimiento luego de la entrevista con un "gracias."

- Sea sincero: Todas sus respuestas deben ser sinceras. Es lo correcto, además el entrevistador verificará todo lo que diga. Si miente y lo atrapan, puede despedirse de sus posibilidades de trabajar con ellos.

- Enmarque sus respuestas: Aprenderá a enmarcar sus respuestas a lo largo de este libro para que no termine divagando o siendo impreciso.

- Proporcione ejemplos: Los hechos son geniales, pero si puede proporcionar historias de cuándo se ha enfrentado a ciertas situaciones, eso es aún mejor. La gente recordará estas historias. Sin embargo, asegúrese de que sean breves, pero también con suficientes detalles para que el entrevistador pueda imaginarlo.

• Sea conciso: Usted debe asegurarse de que sus respuestas sean lo suficientemente largas como para proporcionar información suficiente, pero lo suficientemente cortas como para no controlar la conversación.

• Sea específico: Los empleadores esperan escuchar detalles sobre las cosas que ha logrado.

• Sea apasionado: Los empleadores buscan personas a las que les guste hacer su trabajo. Muéstreles que le gusta el trabajo que está solicitando.

• Sea positivo: Debe concentrarse en las partes positivas de sus experiencias. Los empleadores buscan a aquellos que pueden seguir siendo positivos en todas las circunstancias.

• No sea prolijo: No comience a hablar sin parar. Mientras practica, descubra cómo puede ser breve, pero completo en sus respuestas.

• No sea negativo: No importa lo duro que lo haya tenido o lo malvados que hayan sido sus jefes, no hable de estas cosas en su entrevista.

• No sea personal: No mencione la política, la religión, los pasatiempos, los amigos, la familia ni nada relacionado con el trabajo. Además, es ilegal que le hagan preguntas sobre la familia y la edad.

• No sea modesto: Usted no debe ser humilde en una entrevista. Usted debe impresionarlos con lo que puede hacer y haber hecho. Comparta los premios que haya recibido que tengan que ver con el trabajo. Quieren saber acerca de sus logros.

• Mantenga sus respuestas limitadas a aproximadamente dos minutos o menos: Usted debe tratar que sean lo

suficientemente largos como para captar la atención del entrevistador y no tanto como para controlar la conversación.
- Mantenga su pasión relacionada con el puesto que está solicitando.
- Hable brevemente sobre su experiencia laboral: Usted debe hacer esto en cuatro u ocho oraciones. Más adelante, podrá entrar en más detalles.
- Hablar sobre promociones: A los entrevistadores les gusta escuchar cuando se han ganado niveles de responsabilidad cada vez mayor.
- Asegúrese de que su entrevistador sepa que está interesado en el papel: Dígales explícitamente qué es lo que quiere del trabajo y por qué su posición le proporcionará eso.
- Asegúrese de tener claras sus metas profesionales. Si no está seguro de cuáles son sus objetivos profesionales, descúbralos antes de comenzar con su entrevista.
- Eche un vistazo a los trabajos que ha tenido y tome nota de lo que le ha gustado de cada uno de ellos. Luego, hágale saber al entrevistador cómo su posición lo ayudará a construir sobre estas experiencias.
- Elabore un plan a 30-60-90 días antes de asistir a la entrevista: Asegúrese de tener una copia de su plan con usted en caso de que le pidan que lo comparta. Esto demostrará que usted es proactivo y que tiene interés acerca de su trabajo.
- Asegúrese de tener metas realistas: Los entrevistadores quieren candidatos que quieran crecer en sus carreras, pero quieren a alguien que también sea realista sobre el tiempo que lleva hacer esto. Demuéstreles que está interesado y que progresará a un ritmo razonable.
- Hable sobre las cosas que hace fuera del trabajo que ayudan a mejorar sus habilidades. A los entrevistadores les encantan las personas que aman tanto su trabajo que pasan su tiempo libre mejorando sus habilidades.

- Si no le hacen una pregunta que le permita compartir su plan de 30-60-90 días, entonces no lo presione. No quiere sonar agresivo. El entrevistador controla la conversación, no usted.

Tenga en cuenta que a los entrevistadores les encanta hablar con los candidatos que demuestran que les apasiona el trabajo que tienen para ofrecer. Debe asegurarse de que sus respuestas reflejen esta pasión. Esto se puede demostrar a través de su investigación y el hecho de que cree que la empresa y el puesto son adecuados para usted.

¡Ahora, usted estará listo para triunfar en su entrevista!

Hable acerca de Usted

Estas son las preguntas que los entrevistadores hacen para conocerle. Esto les da una buena comprensión de quién es usted y el tipo de persona que es. La mayoría de estas preguntas no estarán directamente relacionadas con el trabajo que está solicitando. Estas preguntas le dan al entrevistador una idea de su personalidad.

Algunas veces estas preguntas confundirán al entrevistado porque no parecen importantes para el trabajo. Si bien pueden parecer poco importantes, no lo son. Cuanto más preparado esté para ellos, mejor lo hará. Si usted arruina estas preguntas, puede que no finalice su entrevista, pero lo hará sobresalir de mala manera.

Echemos un vistazo a algunas preguntas específicas que podrían hacerle.

Cuénteme acerca de usted

Esta es probablemente la pregunta más común que escuchará durante una entrevista. Esta también es normalmente la primera pregunta. El entrevistador busca comprender sus habilidades de comunicación, experiencias e intereses. La forma en que responda esta pregunta establecerá el tono para el resto de la entrevista. Si puede impresionarlos con su respuesta, se colocará en la parte superior de su lista y lo apoyarán.

Si no lo hace bien, será extremadamente difícil recuperarse. El entrevistador puede incluso eliminarlo mentalmente de la carrera, e intentará encontrar cada refuerzo para apoyar esta posición.

Sin embargo, esta es la pregunta más fácil para prepararse. Dado que usted ha pasado algún tiempo investigando el puesto que está solicitando, debe saber exactamente lo que quieren escuchar. Asegúrese de que su respuesta resalte los intereses que coinciden con la posición.

Usted no debe caer en la trampa de hablar sobre sus intereses personales. A los reclutadores no les importa si usted está aprendiendo a tocar el piano o tejer, a menos que eso se relacione directamente con el puesto que está solicitando. Les interesa saber por qué deberían contratarlo. Después de que lo hayan contratado, tal vez puedan preocuparse por sus intereses, pero hasta que llegue ese momento, concéntrese en los atributos que lo hacen verse bien para el trabajo.

Asegúrese de resumir su experiencia laboral relevante en este momento, y debe informarles de qué puesto está buscando. Naturalmente, este rol deseado debería ser el que está solicitando.

Vamos a echar un vistazo a una excelente manera de responder a esta pregunta si solicita el puesto de asistente de marketing. Este trabajo puede requerir que identifique ideas de campaña, administre diferentes equipos de proyecto y escriba resúmenes de agencias:

> *"Disfruto buscando soluciones creativas a los problemas. Mientras estaba en la universidad, fui parte del personal del anuario. Aquí dirigí un proyecto para hacer la primera versión en línea del anuario de la universidad. Durante una pasantía de verano, creé sitios de redes sociales para tres organizaciones. Una vez que me gradué de la North Eastern University con mi Licenciatura en Marketing, comencé a trabajar en la "Agencia de Marketing Too Cool for You", donde creé campañas para clientes, gestioné equipos de proyectos, planeé proyectos y escribí resúmenes de proyectos. He estado con ellos durante tres años. Durante este tiempo, pasé de Subgerente a Gerente Asociado.*

> *También recibí el Premio a la Campaña de Marketing más Creativa. Quiero pasar a un rol en el que pueda tener más responsabilidad en las decisiones de marketing y encontrar formas creativas de superar los problemas. Quiero un puesto que implique encontrar ideas para campañas de marketing y trabajar con equipos de proyectos".*

Esto toca varias áreas de la experiencia del candidato, todo lo cual se relaciona con el trabajo que está solicitando. Esta respuesta facilita ver por qué debería ser considerado para el puesto.

Ahora, no todas estas preguntas tendrán un ejemplo de una mala manera de responderlas, pero hemos proporcionado un ejemplo con esta pregunta. Siempre es una buena idea saber qué aspecto tiene una mala respuesta. Este ejemplo se deriva de solicitar el mismo trabajo que la buena respuesta anterior:

> *"Provengo de Montana y por eso me gusta mucho estar al aire libre. Crecí pescando y cazando, y todavía trato de escapar y hacerlo cuando puedo. Me gradué del estado de Montana y salí de allí apresuradamente. Me mudé a Denver, donde me hice fanático de los Broncos. Me encanta ver sus juegos, y espero que lleguen al Super Bowl este año. Estoy casado y tengo dos hijos. Mi mayor es un ratón de biblioteca y le va muy bien en la escuela. Mi hijo más joven sigue mi ejemplo y siente pasión por los deportes".*

Si bien esto permite que el entrevistador lo conozca, no lo ayudará a saber si funcionará para el puesto. Este relato no incluye ninguna experiencia laboral relevante, logros profesionales, y no explica por qué estaba allí para la entrevista.

¿Cómo lo describiría alguien a quien no le gusta?

¿Por qué hacen esta pregunta? La persona que realiza la entrevista quiere saber cómo maneja una pregunta inesperada y le hace darse cuenta de que no es perfecto.

Aborde la respuesta. No la evite afirmando que les gusta a todos. Tenga cuidado de no dar sentimientos negativos sobre usted mismo, pero piense en varios estilos de trabajo y por qué alguien que tiene un estilo de trabajo diferente podría no gustarle:

> *"Guau. Esa es una gran pregunta, ya que normalmente no me concentro en la negatividad ni pienso en otros que no me quieren profesionalmente. Pero si debo responder: la persona a la que no le agrado diría que no le gusta trabajar conmigo porque me gusta tomar las cosas a medida que surgen y enfrentar el problema, mientras que a ellas les gusta pensar demasiado las cosas. Les gusta crear planes y analizar la situación por completo antes de sumergirse, y eso me frustra".*

¿Se arrepiente de algo?

¿Por qué hacen esta pregunta? No todo va a ir a su gusto todo el tiempo, y el entrevistador quiere saber cómo maneja las cosas cuando algo sale mal.

Aborde la pregunta. Lamente que pueda tener que sea relevante para el trabajo en cuestión y las cosas que aprendió de él:

> *"No soy una persona que se enfoca en cosas como el arrepentimiento, ya que todos cometen errores. Es importante abordar los errores y seguir adelante. Si tengo que concentrarme en una respuesta, tendría que decir que lamento no haber estado abierto a otras oportunidades anteriormente en mi carrera. Mientras estaba en la universidad, estaba muy concentrado en el tipo de trabajo que quería. Conocía el rol, la industria y la ubicación. Una vez que recibí una llamada para ser entrevistado, y no estaba ubicado donde quería, rechacé la entrevista, ya que no era donde quería que estuviera. He aprendido a no tener la mente cerrada a las oportunidades. Ahora, estoy acostumbrado a viajar durante aproximadamente una hora".*

¿Qué haría diferente si usted tuviera que volver a vivir los últimos 10 años?

¿Por qué hacen esta pregunta? El entrevistador quiere ver a dónde va con su carrera al pedirle que reflexione sobre el pasado.

Intente concentrarse en lo que ha aprendido a lo largo de los años y si hubiera sabido lo que sabe ahora, ¿hubiera hecho algo diferente?

> *"No soy el tipo de persona que vive con muchos remordimientos. Trato de ser reflexivo sobre mis acciones, pero todos cometen errores. Una cosa que hubiera hecho de manera diferente, pero que solo podría haber aprendido a través de las experiencias que he vivido, es ser más sensible culturalmente. He trabajado con muchas personas de diversos orígenes, y podría haber entendido mejor sus perspectivas basadas en sus experiencias. Creo que podríamos haber trabajado mejor juntos".*

¿Cómo es el trabajo de sus sueños?

¿Por qué hacen esta pregunta? El entrevistador quiere saber si sus metas y sueños están alineados con la organización.

Trate de concentrarse en las tareas laborales que son relevantes para el trabajo que está solicitando. Intente no nombrar un determinado puesto de trabajo. Por el contrario, trate de pintar una imagen real:

> *"Intento buscar potencial en la mayoría de las cosas. En cuanto a los trabajos que he tenido, todos ellos han tenido partes del trabajo de mis sueños. Sé que incluso el trabajo perfecto tendrá estrés a veces junto con varios desafíos, tanto pequeños como grandes, que tendré que superar. El trabajo ideal para mí es cuando contribuyo constantemente a la organización de los medios de manera progresiva, significativa y responsable".*

¿Eres un seguidor o un líder?

¿Por qué hacen esta pregunta? El entrevistador quiere saber cómo su rol encajará en su organización.

Cada organización valorará las cualidades de liderazgo, pero también quieren una persona que siga las directivas. Intenta mantener un equilibrio entre los dos:

> *"Asumo un papel de liderazgo en ocasiones que requieren experiencia o conocimientos que tengo y que otros colegas podrían no tener. Siempre estoy listo para compartir mis conocimientos. Como líder, sé que a veces es importante poder seguirá otras personas y aprender de ellas".*

¿Cuál fue su trabajo favorito?

A los gerentes de contratación les encanta saber cuál era su trabajo favorito. Esto les da una idea de lo que disfruta y les dice si sería adecuado para el puesto que está solicitando.

Cuando tenga que responder esta pregunta, elija trabajos que tengan atributos similares a los que está solicitando. Es mejor que esté preparado para responder también por qué dejó el trabajo.

Vamos a ver una respuesta simple para una persona que solicita el puesto de árbitro. Algunas de las responsabilidades que puede incluir este trabajo son guiar las conversaciones hacia un acuerdo mutuo, aclarar problemas para las partes involucradas y facilitar las disputas de comunicación entre las partes:

> *"Yo era consejero estudiantil en la escuela secundaria. Me encantó lo desafiante que era el trabajo. Los estudiantes acudían a mí con diferentes tipos de problemas, la mayoría de los cuales tenían que ver con conflictos entre profesores, familiares o amigos. Aquí es donde descubrí que me encantaba ayudar a otros a superar el conflicto. Fue extremadamente gratificante ayudar a mis compañeros a resolver sus problemas de una manera que ayudó a ambas partes. Es por eso que busqué un título en asesoramiento. Ahora, estoy buscando un trabajo donde pueda comenzar mi carrera y mi pasión por ayudar a otros a resolver sus problemas de árbitro. Algunas de las responsabilidades que puede incluir este trabajo son guiar las conversaciones hacia un acuerdo mutuo, aclarar problemas para las partes involucradas y facilitar las disputas de comunicación entre las partes".*

Esta respuesta muestra que la persona tiene una verdadera pasión por el papel que está solicitando. También le permite al empleador saber que ha tomado medidas concretas para prepararse para su función deseada.

Si se le presenta esta pregunta durante una entrevista de trabajo, piense en un trabajo que tuvo y que lo ayudó a prepararse para el trabajo que está solicitando. Luego, asegúrese de resaltar los atributos que muestran sus habilidades y pasión por el trabajo. Si no es obvio, asegúrese de explicar por qué eligió dejar el trabajo. En este ejemplo, no hay necesidad de una explicación, ya que estaría implícito que se fueron después de graduarse de la universidad. Si no tiene un motivo obvio, asegúrese de abordar el motivo.

¿Cuál es el trabajo que menos le ha gustado?

Esta puede ser una pregunta difícil de responder. Puede ser que el entrevistador esté tratando de encontrar las cosas que lo desmotivan. Buscan asegurarse de que algunos de los elementos principales de la posición no lo apaguen.

Es mejor si elige un trabajo anterior que no tiene relación alguna con el puesto que está solicitando. La mayoría de nosotros hemos tenido un trabajo que nos fue muy mal. Elija uno de esos trabajos y explique por qué el nuevo trabajo que está buscando es mejor para usted.

Vamos a ver una respuesta de muestra de una persona que solicita ser mesero o mesera. Algunas de las responsabilidades de este trabajo podrían ser aceptar pagos, preparar cheques, responder preguntas sobre el menú y saludar a los clientes:

"Trabajé como contable durante el verano en un pequeño resort. Soy bastante bueno con los números, así que sentí que el trabajo sería adecuado para mí. Sin embargo, resultó no serlo. Me encanta trabajar con otros, y me gusta moverme en el trabajo. Como contable, tuve que sentarme en un escritorio todo el día y no tuve interacción con los demás. Mientras estuve allí, también tuve un trabajo como camarera en el hotel del complejo. Me encantó trabajar esos turnos porque pude interactuar con otros. También tenía que moverme mientras trabajaba. Quiero encontrar un papel en el que pueda trabajar cerca de los demás y moverme durante la jornada laboral. Con suerte, mis habilidades con los números ayudarán, ya que aceptaré pagos".

La mejor parte de la respuesta es que el candidato se centró en las partes positivas. Es muy fácil permitirse concentrarse en las partes negativas de su trabajo menos favorito. Trate de no centrarse en lo negativo porque al empleador no le gustará eso. Puede usar esta pregunta como un medio para convertir un trabajo poco atractivo en una experiencia positiva.

¿Qué lo ha inspirado y por qué?

¿Por qué hacen esta pregunta? Como la persona que realiza la entrevista no lo conoce, quiere entender qué lo ayudó a ser quien es hoy.

Proporciónele algunos ejemplos de mentores, amigos o familiares que lo hayan inspirado a través de su dedicación y ética de trabajo:

> "Sería difícil no inspirarse en los padres de una persona. Gracias a Dios, el mío fue un gran ejemplo a seguir. Además de dedicar todo su tiempo libre a sus hijos, tenían una tremenda ética de trabajo. Mi padre se levantaba muy temprano para ir a trabajar antes y así poder dedicar horas adicionales para poder ir a casa a ver a sus hijos antes de que se fueran a la cama. Si tuviera que hacerlo, volvería a trabajar después de que nos fuéramos a la cama.
>
> Mi primera supervisora, Jane Hughey, también fue una inspiración para mí. Ella tenía una gran brújula moral. Si algo parecía cuestionable, ella nos enseñó a inclinarnos hacia lo correcto. Tenía razón, ya que fortaleció nuestra relación con los clientes y benefició a todos los involucrados al final".

¿Qué herramientas y técnicas utiliza para organizarse?

¿Por qué hacen esta pregunta? En este mundo de demandas, informes y tareas múltiples cada vez mayores, su entrevistador quiere saber cómo se mantiene organizado.

Todos tienen diferentes estrategias, pero trate de hacerse una imagen de una persona que es organizada y que ha creado un sistema para mantenerse al día con el trabajo:

> "Lo primero que hago es hacer una lista de tareas en ejecución en Google Docs. Dentro de esa lista, coloco fechas límite y notas sobre cómo estoy progresando. Tengo una aplicación de calendario para todas mis citas y listas de tareas, así como un calendario de citas físicas como

respaldo. Me gusta llegar temprano a la oficina para limpiar mi bandeja de entrada y mi correo de voz y hacer un plan de trabajo sólido para que el día se mantenga organizado".

¿Cuál es su misión personal?

¿Por qué hacen esta pregunta? El entrevistador quiere saber qué lo define para poder determinar cómo encajará en la empresa.

Proporciónele una declaración bien definida que demuestre su fuerte impulso hacia el éxito, la brújula moral y la ética laboral. Piense en la misión de la compañía y asegúrese de que sea compatible con la suya.

"Utilizaré mi fuerte ética de trabajo y mi motivación hacia el éxito para poder cumplir mis objetivos, así como los de las personas que cuentan conmigo, de una manera responsable y moralmente apropiada".

¿Cuál es su mayor logro además del trabajo?

¿Por qué hacen esta pregunta? El entrevistador quiere conocerlo como persona, fuera del entorno laboral.

Intente enfocarse en un logro que muestre sus habilidades, destrezas o experiencias en actividades que realizó fuera del trabajo:

"He sido voluntario para Hábitat para la Humanidad desde 1999. Cuando comencé, solo ayudaba cuando fuimos y ayudé a construir una casa. He subido y ahora soy un líder de equipo. Es una gran sensación guiar a otros con éxito en el voluntariado de su tiempo por una causa tan valiosa".

Cuénteme algo acerca de usted que no quiere que yo sepa

¿Por qué hacen esta pregunta? El entrevistador quiere saber cómo manejará una pregunta que no anticipó y qué podría decir.

Nunca les dé una debilidad real. Dele algo que quizás no haya dicho pero que le haya hecho sentir como un candidato fuerte:

"Bueno, para ser honesto, he estado siguiendo a esta compañía por algún tiempo. Soy un gran admirador de tu trabajo. Sé que no quieres contratar a un fan. Estás buscando a alguien que se adapte perfectamente como

empleado, y creo que soy un excelente equilibrio entre los dos".

¿Cuál es su recuerdo favorito de cuando era un adolescente?

¿Por qué hacen esta pregunta? El entrevistador quiere entender más sobre usted como persona.

Dígale algo que demuestre que usted tiene buen carácter y le hace un mejor profesional:

"Mi recuerdo favorito era ver a mi hermana graduarse de la escuela secundaria. Luchó con las matemáticas y ni siquiera estaba segura de graduarse. La enseñé y ella se sintió confiada. Un par de meses después, copió su diploma y me lo envió junto con una nota de agradecimiento".

¿Usted quiere que le sigan por temor o porque es agradable?

¿Por qué hacen esta pregunta? El entrevistador quiere saber sobre su estilo de gestión.

Intente encontrar el equilibrio en el término medio. Si usted dice que quiere que lo sigan porque es agradable o popular, podrían pensar que es un simple imbécil. Si dice que quiere ser temido, usted va a sonar como un dictador:

"Me gustaría gustarle a los demás, ya que soy un líder respetado que lidera con el ejemplo. Como soy un líder efectivo, mi equipo teme no hacer lo mejor, ya que cada uno sabrá que todos deben hacer su mejor esfuerzo y que nadie quiere decepcionar al equipo".

¿Cuál es su frase favorita?

¿Por qué hacen esta pregunta? Cuando el entrevistador le pide su cita favorita, intenta obtener una mejor idea de quién es usted.

Las citas pueden ser poderosas. La forma en que interpreta una cita puede significar cosas diferentes para diferentes personas. Intente seleccionar algo que no sea demasiado personal o que parezca que se inclina hacia temas controvertidos. Intente seleccionar algo sobre una fuerte ética de trabajo o liderazgo. Dígales por qué lo eligió y qué significa para usted:

> *"Escuché esto cuando era adolescente mientras aún estaba descubriendo lo que quería ser. Es una cita de Bruce Springsteen: 'Mis padres siempre me dijeron que obtuviera algo para mí. Lo que no sabían era que quería todo". Esto me inspiró a trabajar más duro para alcanzar mis objetivos y no conformarme. Sabía que no sería fácil, pero si mantenía una fuerte ética de trabajo, podría lograr lo que quería".*

¿Hay una figura que constituya su modelo a seguir? ¿Quién es y por qué?

¿Por qué hacen esta pregunta? Como el entrevistador no lo conoce personalmente, quiere saber qué lo hizo ser quién es hoy.

Dé un ejemplo de un mentor, amigo o familiar que fue su modelo a seguir a través de su dedicación a la tarea y la ética de trabajo:

> *"Sería difícil no inspirarse en sus propios padres. El mío fue un gran ejemplo para mí. No solo nos dedicaron su tiempo; también tienen una gran ética de trabajo. Mi padre se levantaba temprano y se iba a trabajar temprano para llegar a casa a tiempo para la cena y acostarnos. Si hubiera tenido que hacerlo, habría vuelto a trabajar después de habernos acostado".*

¿Usted a quién respeta y por qué?

¿Por qué hacen esta pregunta? Mostrar respeto por los demás es parte de cualquier trabajo. Su potencial empleador quiere saber si respeta a los demás.

Hágales saber que respeta a todos y que puede trabajar con cualquier persona en lugar de alguien que necesita ganarse su respeto:

> *"Creo que es importante respetar a todos. Aunque algunas personas pueden parecer más exitosas que otras y dignas de respeto, no conocemos la historia de todos y cómo llegaron a ser quiénes son. Cuando comenzamos en un campo de juego parejo de respetar a todos, sin sentir que alguien tiene que ganarse nuestro respeto primero, es más probable que*

> *establezcamos lazos más fuertes y mejores relaciones laborales".*

¿A quién admira y por qué?

¿Por qué hacen esta pregunta? Como el entrevistador no lo conoce, está tratando de entender qué lo hizo ser quién es hoy.

Dé un ejemplo de alguien que lo haya inspirado a través de su dedicación a la tarea y la ética laboral:

> *"Mi primera supervisora, Margaret Creson, fue una inspiración para mí. Ella tenía una gran brújula moral. Si algo era un poco inmoral, nos enseñó a ir siempre hacia lo correcto. Fue totalmente consciente de que fortaleció nuestra relación con los clientes y benefició a todos".*

¿Se negaría a trabajar con alguien?

¿Por qué hacen esta pregunta? El entrevistador quiere saber el tipo de personas con las que usted podrá y no podrá trabajar.

Usted tiene que mostrarles que está abierto a trabajar con todos. Si hay personalidades específicas con las que podría ser un desafío trabajar, aún hará lo que sea necesario para que funcione:

> *"Como no soy CEO, no es mi elección decir con quién trabajaré o no. Siempre hago todo lo posible para que las cosas funcionen. Ahora, ¿habrá personalidades difíciles en algún trabajo? Por supuesto. ¿Con quién prefiero no trabajar? Si tuviera que decir, los dos tipos de personas que vienen a mi mente son los que son sabelotodo y los que son mentirosos. Es difícil tener una comunicación abierta con ese tipo de personas. Siempre confiaré en que la compañía los colocará en los roles correctos, ya que contribuyen a cualquier organización y encontraré la manera de que funcione. Lo más importante es tener una comunicación abierta cuando encuentro un problema. Pediría un diálogo abierto para aclarar la situación".*

¿Qué le gustaría hacer en su vida si tuviera que elegir?
¿Por qué hacen esta pregunta? El entrevistador está tratando de averiguar si este trabajo va a encajar en su plan. Les ayuda a evaluar cuán feliz y exitoso usted será en su compañía.

Asegúrese de que su respuesta esté en el contexto del trabajo para el que le están entrevistando. Haga una descripción de lo que quiere hacer y cómo este trabajo podría ayudarle a alcanzarlo:

> *"Siempre me ha encantado la publicidad. El rol exacto no es tan importante como las oportunidades involucradas en todos los diferentes aspectos del negocio, incluida la creatividad. Este rol será una oportunidad maravillosa para contribuir con lo que sé, mejorar mi historial, aprender más y, con suerte, asumir más responsabilidad".*

Deme un ejemplo de su vida personal en el que haya sido deshonesto con alguien
¿Por qué hacen esta pregunta? El entrevistador quiere saber sobre su carácter moral.

Usted tiene que admitir que ha mentido antes, pero proporciónele una explicación de por qué era lo correcto en ese momento:

> *"Un viejo amigo cometió un error en el trabajo y la compañía lo despidió. Quería saber si iba a dañar su capacidad de encontrar trabajo. Sabía que así sería, pero su confianza había desaparecido y se sentía mal por haber decepcionado a su familia. Mentí y le dije que no perjudicaría sus posibilidades".*

¿Qué experiencia traumática ha experimentado en su vida personal?
¿Por qué hacen esta pregunta? El entrevistador quiere saber cómo usted maneja las cosas cuando los tiempos se ponen difíciles.

Bríndele una experiencia difícil de manejar sin que sea demasiado personal. Mantenga su respuesta centrada en la forma en que manejó la experiencia:

> *"Gracias a Dios que no he experimentado ningún evento traumático que quede fuera del círculo normal de la vida.*

Tuve una relación muy cercana con mi abuela cuando crecía, y ella falleció cuando yo tenía 13 años. Fue muy difícil. Sucedió en un momento en que estaba haciendo la transición a mi adolescencia y pensar en ella se convirtió en una brújula moral para mí.

Como tenía que tomar decisiones difíciles, pensaría en lo que ella podría hacer en situaciones similares, y me hizo tomar decisiones más claras".

Diga que es lo más importante que ha aprendido en la vida

¿Por qué hacen esta pregunta? El entrevistador quiere saber algo que le haya hecho ser quién es hoy.

Dele una lección importante que haya aprendido, lo que sucedió, qué hizo que lo aprendiera y cómo es relevante para el trabajo para el que usted se está entrevistando:

"No importa en qué situación uno se encuentre, debe ser fiel a sus valores. Durante mi primera semana en un nuevo trabajo, me pidieron que fabricara algunos registros en nombre de la empresa. Como contaba con este trabajo para mantener a mi familia y darme una base sólida en el campo, comencé a hacer lo que me dijeron. Empecé a no dormir bien y estaba estresado por tener que hacer esto. Me di cuenta de que esto no encajaba en mis valores sin importar las consecuencias. Afortunadamente, la compañía respetó mis deseos y no tuve que hacer algo que no quería hacer. Reforzó mi idea de que nunca tengo que hacer algo que no se ajuste a mis valores, sin importar lo que pase".

¿Qué es a lo que más le teme?

¿Por qué hacen esta pregunta? El entrevistador quiere aprender más sobre su personalidad.

Explique por qué tiene un miedo profesional particular y la forma en que se relaciona con este trabajo:

"Profesionalmente, sería alguien pensando que no estoy haciendo lo mejor que puedo. Tengo una ética de trabajo

muy fuerte y le doy todo lo que tengo. Estaría muy decepcionado si alguien confiara en mí y sintiera que no estaba haciendo mi mejor esfuerzo".

¿Cree que es necesario hacer nuevas relaciones?

¿Por qué hacen esta pregunta? Las redes y la creación de conexiones son esenciales para cualquier negocio. El entrevistador quiere saber cómo construye y establece su red.

Dígales por qué es importante nutrir y construir relaciones. Deles ejemplos sobre cómo estableció una relación y la forma en que benefició a su empleador y a usted en ese momento:

"Creo que no solo vale la pena, sino que es esencial construir relaciones. Si solo se apoya en las relaciones que ha establecido en el pasado, su red se reducirá cada día, a medida que las personas se jubilen o se muden a otra empresa. Cuando se utilizan recursos como LinkedIn, es fácil llegar y establecer nuevas relaciones. Tengo varios ejemplos, pero un intercambio rápido de correo electrónico con un mayorista en Irlanda ayudó a abrir ese mercado a nuestra empresa".

¿Cómo lo describiría un amigo?

Esto le brinda una gran oportunidad para resaltar sus mejores atributos. Como siempre, asegúrese de demostrar las habilidades que tiene que lo harían efectivo en el trabajo que desea.

Piense en las otras personas con las que trabaja y piense en cómo lo describirían. ¿Qué tipo de características dirían que tiene que lo convertirían en una buena opción para el trabajo? ¿Es un buen oyente, creativo, colaborativo, inspirador o amigable? Ahora, elija algunas de esas características que se relacionan con sus objetivos profesionales, y luego cuéntele al entrevistador una historia que ilustre sus habilidades para usar esas características para obtener resultados.

Vamos a ver una respuesta simple para el trabajo de un presentador de programas de radio. Algunas de las responsabilidades para este puesto serían entretener a su audiencia, entrevistar invitados, comentar eventos actuales y anunciar la programación de la estación de radio:

"Mi amigo diría que soy entretenido, posiblemente, la vida de la fiesta. En la universidad, siempre les contaba historias a mis amigos mientras almorzaba. Una vez, mis amigos me desafiaron a grabar una de mis historias y publicarla en Facebook. Creé el video y lo publiqué. En un par de días, había obtenido más de 2.000 visitas. Luego lo subí a YouTube e hice mi propio canal. Cuando se me ocurría una nueva historia, la grababa y la publicaba en mi canal. Como resultado, tengo más de 11.000 suscriptores y mis videos han recibido más de un millón de visitas. Quiero usar mi habilidad para entretener a otros como reportero deportivo. Amo los deportes y poder entretener a otros. Como mi audiencia de YouTube y mis amigos me dicen que soy bueno en eso, estoy aquí para que esto suceda. Le invito a que revise mi canal de YouTube para ver si está de acuerdo con mis amigos y luego decidir si soy lo suficientemente entretenido".

Si bien el entretenimiento no es una característica que se adapte a muchos trabajos, es adecuado para un puesto en la industria del entretenimiento. Cuando se esté preparando para su entrevista, es mejor elegir características relevantes y luego compartir una historia que muestre cómo utilizó esta habilidad.

Sea Profesional

La mayoría de las entrevistas comenzarán con preguntas sobre su experiencia laboral. Los entrevistadores usan estas preguntas para determinar si usted tiene el conjunto de habilidades básicas que se necesitan para el trabajo. Si se asegura de saber cómo responder estas preguntas, más fácil será la entrevista; de lo contrario, puede terminar siendo bastante difícil cuando no está preparado.

Estas primeras preguntas lo ayudarán a establecer el tono de cómo será la entrevista. También le permitirán diferenciarse de los demás candidatos. Veamos cómo debe enmarcar sus respuestas a estas preguntas.

En primer lugar, el entrevistador probablemente estará hablando con docenas de otros posibles candidatos. Muchos de ellos no van a causar una buena impresión. Cuando usted enmarca su respuesta correctamente, puede causar una impresión duradera para que lo vean como la mejor opción.

Comience por hacerle saber al entrevistador algo que le apasiona, pero asegúrese de que se relacione con el trabajo que está solicitando. Buscan personas que disfruten lo que hacen, así que asegúrese de hacerles saber lo que disfruta. Aquí hay unos ejemplos:

• Si está solicitando un trabajo como diseñador gráfico, podría decir algo como "me encanta cuando puedo ser creativo".

- Si está solicitando un trabajo de vendedor, puede comenzar diciendo algo como "me gusta construir relaciones con los demás".
- Si está solicitando un trabajo como contable, podría decir: "me encanta organizarme. Me gusta organizar las cosas en grupos ordenados".

Ahora eche un vistazo a algunos detalles específicos del trabajo para el puesto que está solicitando e intente descubrir qué pasiones se relacionan estrechamente con las responsabilidades que tendría.

A continuación, asegúrese de resumir la experiencia que tiene. Esto debe ser breve y procure no entrar en muchos detalles. Esto permitirá que su entrevistador tenga algún contexto para el resto de la entrevista:

Si está solicitando ser gerente de mercadeo, puede informarles: "Recibí mi licenciatura en mercadeo de NC State. Una vez que me gradué, comencé a trabajar en Hush Ad Agency, donde estaba a cargo de crear campañas de medios digitales".

- Si está solicitando ser cajero, puede decirles: "He ayudado a dos trabajos minoristas diferentes durante los últimos ocho años. Fui asistente de caja en Michaels antes de ser ascendido a jefe de caja. Desde allí trabajé como cajera jefa en Kmart".
- Si está solicitando ser oficial de policía, podría decir: "Tengo un título de asociado en justicia penal. Trabajé como guardia de seguridad en un edificio de oficinas mientras estaba en la universidad ".

Eche un vistazo a su currículum y vea dónde tiene experiencia laboral relacionada con el trabajo que desea. Luego tómese un tiempo para resumir la experiencia que tiene.

Luego, usted debe comunicarle al entrevistador qué tipo de experiencia le gustaría aprender. Debe asegurarse de que su respuesta esté directamente relacionada con el trabajo que está solicitando:

- Para un gerente de oficina, podría decir: "Quiero un trabajo que me permita usar mis habilidades organizativas y al mismo tiempo me brinde oportunidades para supervisar a otros".

• Para un asesor financiero, podría decir: "Quiero llegar a un puesto en el que pueda aumentar mi conocimiento en el ámbito de la planificación patrimonial y la jubilación".

• Para un maestro, podría decir: "Me gustaría un puesto en el que pueda crear planes de lecciones y enseñar inglés, ya que el inglés es mi materia de elección".

Ahora echemos un vistazo a las respuestas específicas de las preguntas.

Guíeme a través de su Currículo

Esta pregunta es muy parecida a la primera pregunta del primer capítulo. Cuando se trata de esta pregunta, es mejor resumir cada sección de su currículum. Proporcione al entrevistador lo más destacado de su experiencia y secciones educativas. Es mejor compartir esta información en orden cronológico.

Luche contra la tentación de leer su currículum. No quieren escucharlo recitar cosas que simplemente podrían leer por sí mismos. Quieren escuchar cosas con sus propias palabras.

Buscaremos una buena respuesta para una persona que solicita un trabajo como representante de ventas médicas. Las responsabilidades de este trabajo podrían incluir la creación de relaciones con PCP y la venta de suministros médicos:

> *"Me apasiona construir relaciones saludables. Cuando mire mi currículum, verá que tengo una licenciatura en química de la Universidad del Norte. Mientras estuve allí, fui elegido como presidente del club de debate. Creo que esto demuestra que puedo construir fuertes relaciones con los compañeros. También soy persuasivo. Después de graduarme, conseguí un trabajo en Mill Labs, donde trabajé como asistente de laboratorio. Ahí es donde aprendí que mi pasión era vender ideas, no trabajar en el laboratorio. El director de ventas vio mi pasión y me dio la oportunidad de probarme en el departamento de ventas. Mi desempeño en ventas estaba en el diez por ciento más alto, y fui ascendido de representante de ventas asistente a representante de ventas asociado. Ahora estoy buscando pasar a un rol que me dé más*

responsabilidad para una gama más amplia de productos. Quiero estar en un lugar donde pueda crear relaciones duraderas con los clientes y ayudarlos a tener éxito utilizando los productos en los que creo".

Esta respuesta muestra que el solicitante tiene muchos conocimientos previos para este rol. También su respuesta explica por qué usted busca cambiar de carrera.

¿Qué problemas y desafíos enfrentó en su último trabajo?

¿Por qué le hacen esta pregunta? Hay muchos desafíos en un trabajo. La persona que realiza la entrevista quiere saber cómo manejó los desafíos y problemas en trabajos anteriores, ya que probablemente también enfrentará algunos desafíos en este trabajo.

Usted tiene que mostrar las formas en las que puede superar un desafío. Deles un ejemplo de un desafío o problema que tenga relevancia para el entrevistador y muestre las formas en que superó el problema. Cuando estructure su respuesta, presente el desafío y siga con las acciones y los resultados:

"Hace dos años, mi empleador adquirió una empresa de nicho. Esto creó una fricción natural entre los empleados de mucho tiempo y los que fueron contratados durante la adquisición. Cada equipo tenía su forma de hacer las cosas. Al principio, tener más empleados disminuyó la capacidad de terminar los proyectos con éxito debido a conflictos y falta de comunicación. Después de esto, les pedí a los miembros de mi equipo que nos reunieran para almorzar. Fuimos a un ambiente relajado y comenzamos a discutir la forma en que trabajamos y por qué lo hacemos de esta manera. Abrió una línea de comunicación y comenzamos a entendernos mejor. Esto condujo a un mejor trabajo en equipo".

¿Tiene alguna experiencia de liderazgo?

¿Por qué le hacen esta pregunta? Dado que la capacidad de liderazgo es importante, y no importa cuál sea su rol, el entrevistador quiere saber sobre su capacidad de liderar descubriendo lo que ha hecho en el pasado.

Proporciónele una o dos historias memorables que muestren cualidades de liderazgo. Es mejor contarles un par de historias que dar una lista de todas sus experiencias, sin que ninguna sea memorable para el entrevistador:

> *"Cada trimestre, mi departamento proporcionaba un informe sobre sus logros a los ejecutivos. Me ofrecí como voluntario para el líder del equipo para recopilar la información de los compañeros de trabajo y asegurarme de que fuera lo más organizada y precisa posible. Convoqué varias reuniones de equipo para establecer objetivos y fechas límite para nuestro trabajo y me reuní con miembros individuales para responder cualquier pregunta y asegurarme de que estábamos en la misma página. Producimos un informe que fue elogiado por el equipo ejecutivo, y desde ese momento, me convertí en la persona proactiva a la que todos acuden".*

¿Qué logro le dio la mayor satisfacción?

¿Por qué hacen esta pregunta? Esto muestra su capacidad para hacer las cosas. Mostrar lo que ha logrado en el pasado muestra cuán inclinado está a lograr cosas en el futuro.

Cuéntele al entrevistador un logro que sea relevante para el trabajo para el que le están entrevistando. Píntele una imagen de las cosas que ha logrado, cómo hizo para lograrlas y por qué fueron importantes para usted:

> *"Siempre he sido excelente en la multitarea, pero no estaba seguro de poder ir a la escuela a tiempo completo mientras trabajaba y criaba una familia. No siempre fue fácil, pero pude hacerlo con éxito. Estudiaba en el tren, me despertaba temprano, me dormía tarde y aprendí a manejar todo y lo hago con mayor eficacia".*

¿Ha usado su creatividad para resolver un problema?

¿Por qué hacen esta pregunta? Nadie tiene un libro que les diga cómo resolver cualquier problema que surja en el trabajo. El entrevistador solo quiere saber qué tan creativo puede ser para resolver problemas.

Dé ejemplos que sean relevantes para lo que está solicitando. Describa el problema, el enfoque que utilizó y cuál fue el resultado:

> *"Tengo que establecer relaciones con los ejecutivos. La parte más difícil es ponerse en contacto con ellos. Aprendí a encontrar cualquier dirección de correo electrónico en una empresa cuando puedes encontrar la de una persona. Busco en Google una dirección de correo electrónico de cualquiera de esa compañía para descubrir cómo funciona su sistema. Cuando encuentro el nombre de un ejecutivo, puedo comunicarme con ellos directamente. Esto me ha dado una tasa más alta de respuestas que solo tratar de contactarlas por teléfono o un intermediario".*

¿Qué habilidad técnica le ha ayudado más?

¿Por qué hacen esta pregunta? Una habilidad cada vez mayor es una aptitud técnica sin importar su rol. El entrevistador solo quiere comprender mejor cuáles son sus habilidades más fuertes.

Hábleles sobre una habilidad técnica que sea relevante para el trabajo para el que le están entrevistando. Muestre su experiencia dándoles un ejemplo de la forma en que lo usó y por qué fue exitoso para usted:

> *"Entiendo cómo utilizar las redes sociales. He capacitado al personal de ventas para usar LinkedIn para aumentar la visibilidad de una empresa".*

¿Ha aprendido o ha desarrollado alguna nueva habilidad recientemente?

¿Por qué hacen esta pregunta? El entrevistador quiere saber si a usted le gusta aprender durante toda la vida. Las empresas buscan contratar personas que quieran aprender y no solo quedarse estancadas.

Dé ejemplos de algo que haya aprendido recientemente que sea relevante para el trabajo que desea. Dígales cómo lo que aprendió es relevante y lo que ha logrado:

> *"Recientemente aprendí más sobre la importancia del lenguaje corporal. Me ha ayudado a identificar qué personas están tratando de comunicarse con sus cuerpos, incluso cuando dicen algo diferente. Esta habilidad ha sido útil para ir a reuniones de negocios y establecer nuevas relaciones".*

¿Qué cosas ha logrado que lo hacen estar más calificado en su carrera?

¿Por qué hacen esta pregunta? El entrevistador quiere saber si usted aprenderá cosas nuevas en el transcurso de su carrera. Las empresas contratan personas a las que les gusta aprender y no están estancadas.

Dé un ejemplo de cómo continúa mejorando y aprende a ser un mejor alumno:

> *"Creo que es importante seguir aprendiendo para poder mejorar. Intento participar en tantas oportunidades de desarrollo profesional como sea posible. Asisto a dos o tres conferencias al año en mi campo. Participé en entrenamiento cruzado de otros departamentos en mi trabajo actual. Además, soy un colaborador activo en varios grupos relevantes de LinkedIn".*

¿Ha aprendido algo durante el último año?

¿Por qué hacen esta pregunta? El entrevistador quiere saber si le gusta aprender en el transcurso de su vida. Las empresas quieren contratar personas que siempre estén aprendiendo y no estén estancadas.

Dé algunos ejemplos de cómo continúa mejorando y aprende a ser un mejor alumno:

> *"Creo que es importante continuar aprendiendo para poder ser mejor en mi trabajo. Asisto a tantos seminarios como puedo ajustar a mi horario durante el año. Me aseguro de que algunos de los seminarios tengan algo que ver con otros departamentos en mi trabajo, por lo que recibo capacitación cruzada si alguna vez necesito ayudar en otra parte de la empresa".*

¿Ha tenido alguna experiencia única que lo distinga de los demás?

¿Por qué hacen esta pregunta? El entrevistador quiere saber las razones por las que deberían contratarlo a usted en lugar de a otra persona.

Trate de concentrarse en resaltar sus atributos en lugar de derribar a otras personas. Este es el momento de agarrar un gran impulso:

"No puedo hablar por otras personas, pero sé por qué soy un gran candidato para este trabajo. Soy la elección correcta porque tengo 15 años de experiencia asumiendo un papel progresivamente responsable en mi campo. He excedido los objetivos y he ayudado a hacer crecer el negocio. Se me ha pedido que represente a la empresa, ayude donde sea necesario y capacite a otros. Constantemente aprendo y sigo mejorando mis habilidades aprovechando todas las oportunidades relevantes de educación continua. Aunque tengo una historia de éxito, todavía trato de alcanzar nuevas metas y superar desafíos. He seguido de cerca a su empresa durante varios años. Sé que podemos ser grandes socios en el éxito".

Cuénteme sobre un incidente que haya vivido que demuestre la forma en la que usted afronta un reto y la forma en que lidia con ello

¿Por qué hacen esta pregunta? Cada trabajo tendrá sus desafíos, y el entrevistador quiere saber cómo lidiará con ellos.

Proporciónele ejemplos relevantes de un incidente que sucedió en el trabajo, la forma en que lo resolvió y el resultado:

"Cuando estás ayudando a los clientes, solo se puede hacer lo mejor que puede, pero no puede hacer felices a todos todo el tiempo. Hubo un cliente que sintió que no estaba haciendo todo lo posible para ayudar. Entró en la oficina gritando. Pude calmarla y se reunió con el presidente de la compañía. Le dio la oportunidad de quejarse. Había documentado todo el trabajo que había hecho con ella y pude mostrarle la

forma en que le brindé el mismo servicio que tenía con otros clientes. Más tarde supimos que ella estaba lidiando con otros problemas. Esto me dio la oportunidad de fortalecer mi relación con el presidente y explicar cómo trabajé".

¿Por qué le dieron un ascenso?
¿Por qué hacen esta pregunta? El entrevistador quiere saber cómo fue capaz de ascender en la escala corporativa tan rápido.

Hable sobre todos sobre los logros que le permitieron obtener la promoción. Enfatice los logros que son relevantes para este trabajo:

> *"Fui ascendido de gerente de cuenta a entrenador en un año. Esto se debió a mi excelente historial de ventas mientras mantenía y hacía crecer cuentas, junto con mi capacidad para liderar a otros y capacitarlos para trabajar de manera eficiente".*

¿Adquirió alguna habilidad durante sus pasantías?
¿Por qué hacen esta pregunta? Si usted se acaba de graduar de la universidad con una experiencia laboral limitada, el entrevistador quiere aprender qué habilidades puede aportar a un puesto de tiempo completo.

Trate de concentrarse en las habilidades que adquirió de una pasantía que es relevante para el trabajo para el que está entrevistando:

> *"Las habilidades más importantes que aprendí fueron administrar mi tiempo, prestar atención a los detalles y trabajar eficazmente dentro de un equipo".*

¿Alguna vez usted ha tenido que hacerle algún comentario difícil a una persona y cómo lidió con ello?
¿Por qué hacen esta pregunta? Cuando se encuentra en una posición gerencial, es posible que deba hablar con un subordinado o compañero de trabajo sobre un problema difícil. El entrevistador quiere saber cómo lo manejaría.

Dele ejemplos relevantes que cuenten la historia hasta la necesidad de tener la conversación, de qué se habló durante la conversación y cómo terminó:

"Nunca es fácil hacerle comentarios difíciles a alguien, pero para trabajar de manera efectiva, a veces hay que hacerlo. Parecía que un amigo o compañero de trabajo estaba dejando de lado sus hábitos de higiene. Pasaron de usar atuendos bonitos a ropa manchada. Parecía que no se estaban bañando. Tuve una conversación privada con ellos y mencioné cómo los otros compañeros de trabajo habían notado cómo habían cambiado sus hábitos y se preocupaban. Explicaron que se sintieron abrumados por convertirse en padres nuevos y que la higiene no estaba en su radar como lo había estado en el pasado. Dijeron que se encargarían de eso. Cambiaron la forma en que se vestían y limpiaban. Me alegro de haberles dicho ya que podría haberles costado su trabajo".

¿Usted se ha reportado enfermo en el trabajo por más de un par de días?

¿Por qué hacen esta pregunta? El entrevistador quiere saber el tipo de ética de trabajo que tiene, y esta pregunta le dará algo de claridad. Si no sale regularmente del trabajo, explique las veces que lo hizo y por qué fue importante para usted. Esto le proporcionará al entrevistador un poco de claridad ética de trabajo:

"Siempre sentí que cuando estaba ausente del trabajo, me estaba perdiendo algo, por lo que era muy raro que me tomara un tiempo libre. El único momento que puedo recordar, con la excepción del tiempo de vacaciones, fue ayudar a cuidar a un miembro de la familia después de la cirugía".

¿Qué hace para ser más efectivo?

Cuando un entrevistador le hace esta pregunta, quiere ver si usted está motivado para mejorar sus habilidades. Los entrevistadores quieren candidatos que busquen aprender más y encontrar más formas de mejorar su trabajo.

Veremos una buena respuesta a esta pregunta para el puesto de director creativo de una floristería. Algunas de las responsabilidades para este puesto podrían ser el diseño de exhibiciones florales, reuniones con clientes y capacitación del personal en diseños florales:

> *"Me encanta encontrar formas de expresar mi creatividad y compartir ideas. Me gusta mirar Daily Motion, Vimeo y YouTube todos los días para encontrar nuevos diseños de arreglos florales. También me mantengo al día con varios bloggers, y ahora estoy produciendo mis propios videos que enseñan a otros cómo organizar las flores. Puedes ver mis videos en YouTube. A continuación, me gustaría tener un equipo que pueda entrenar para hacer diseños florales para que siempre podamos tener nuevas ideas para ayudar a deleitar a nuestros clientes".*

Esta respuesta le permite al entrevistador saber que le encanta tanto el trabajo que está solicitando, que constantemente busca nuevas formas de mejorar su trabajo.

Cuénteme acerca de un momento donde haya demostrado un gran liderazgo

Cuando su entrevistador le pide que le diga cuándo demostró un gran liderazgo, le interesa saber qué puede hacer usted para que la gente lo siga. Esta habilidad implica tener la capacidad de comprender las cosas que motivan a los demás y les enseña a confiar en usted. También incluye poder comunicarse bien, de manera que otras personas quieran seguirlo.

La historia que se le ocurra para contestar esta pregunta debería ser una historia real, no ficción, y puede modificarse con algunas variaciones para cualquiera de los siguientes aspectos:

• Hábleme de una vez que demostró:

o liderazgo

o trabajo en equipo

o persuasión

Veremos una respuesta de muestra para el puesto de gerente de turno en un restaurante. Algunas de las responsabilidades para el trabajo podrían incluir resolver problemas del cliente, asignar tareas y dirigir las operaciones del restaurante cuando el gerente no está presente:

"Mientras era cajera en Top Sirloin, dos de los empleados comenzaron a gritarse el uno al otro. No había un gerente en ese momento, así que decidí intervenir. Inmediatamente les dije que me siguieran a la oficina administrativa para que no molestaran a los clientes. Como me había llevado bien con los dos, me siguieron. Pude hacer que se calmaran y contarme lo que estaba pasando. Los convencí para que fueran pacientes y esperaran a que el otro les dijera su lado. Todo resultó ser un gran malentendido, ya que cada uno pensó que el otro había chocado intencionalmente con el otro. Una vez que se dieron cuenta de que era solo un accidente porque ambos intentaban hacer lo mismo, se calmaron y acordaron volver a sus tareas respectivas. Una vez que el gerente regresó, les conté lo que sucedió y que había ayudado a resolver el problema. Como resultado, ambos aprendieron a confiar el uno en el otro. Trabajan bien juntos y ahora son buenos amigos. Este incidente me consiguió un ascenso a gerente de turno de restaurante".

Esta respuesta muestra que una parte importante de ser un líder es escuchar a los demás. A un entrevistador le gusta escuchar que usted puede motivar a otros al escuchar lo que sucedió y luego ayudarlos a llegar a una solución mutua que los ayude a ellos y a la empresa.

Vamos a echar un vistazo rápido a una mala manera de responder esta pregunta. Nos quedaremos con el puesto de gerente de turno:

"Desde la escuela primaria, he sido un gran jugador de baloncesto. Mientras estaba en la escuela secundaria, dirigí a mi equipo en rebotes y puntos. También fui líder en una caminata de Boy Scouts. Caminamos a un hermoso parque nacional, y yo fui el más rápido. De hecho, los otros niños tuvieron dificultades para seguir mi ritmo. También llevé a mi equipo de debate a la mayor cantidad de victorias. Soy extremadamente competitivo, así que trabajé duro para vencer a los otros miembros de mi equipo. Si me contratan, traeré este espíritu competitivo. Buscaré formas de vencer a mis compañeros de trabajo en cualquier objetivo que se establezca".

En primer lugar, están divagando con varios ejemplos que no se relacionan con el puesto. La mejor respuesta sería una que se centre en cómo pueden motivar a otras personas.

Además, no tiene una buena comprensión de lo que significa el liderazgo. En cambio, les dice que le gusta ser el mejor miembro del equipo. No se centra en cómo construir un equipo para lograr un objetivo; intenta hacerlo todo solo. Esto no muestra que usted sería un gran líder de equipo.

Hábleme de un momento donde demostró una gran creatividad

Para cualquier posición que requiera un pensamiento innovador, el entrevistador está interesado en escuchar ejemplos de cómo ha encontrado soluciones creativas para problemas interesantes. Quieren un ejemplo de cómo usted puede crear ideas en las que nadie más haya pensado, y de cómo ha desarrollado esta idea.

Veremos una respuesta de muestra para el puesto de gerente de relaciones públicas. Algunas de las responsabilidades podrían ser liderar los esfuerzos de las redes sociales, escribir comunicados de prensa y desarrollar estrategias de relaciones públicas:

> *"Cuando comencé a trabajar en el teatro de la Northeastern University como su coordinador de relaciones públicas, la asistencia fue baja. Se suponía que debía aumentar la asistencia a las obras. Eché un vistazo a otras empresas de entretenimiento para ver quién hizo lo mejor en marketing. Descubrí que las películas generaban más conciencia debido a sus trailers, así que pensé que el teatro podría usar esto. Hablé con una amiga, que se especializaba en artes visuales, para que ayudara a crear un trailer de una de las obras como un proyecto para su clase. Luego publiqué el avance en las redes sociales del campus. El trailer terminó obteniendo más de 2.500 visitas, y la asistencia aumentó un 50 por ciento. Encuestamos a los asistentes, y más del 65 por ciento dijo que escuchó por primera vez acerca de la obra de nuestro tráiler".*

Si usted trabaja en un campo creativo, pero no tiene ningún ejemplo que muestre este tipo de creatividad, tómese un tiempo para mirar webs de videos. Esos sitios le proporcionarán muchas ideas creativas diferentes. Por ejemplo, con un poco de investigación, puede aprender a usar videos para promocionar casi cualquier cosa. El entrevistador quedará impresionado si usted le hace saber que ha publicado tutoriales sobre temas que le interesan, lo que fácilmente podría ayudar a generar conciencia en las organizaciones de caridad para ayudar a los niños.

Hábleme acerca de un momento donde haya demostrado ser un buen colaborador

La mayoría de los trabajos requerirán que usted trabaje bien con otras personas, por lo que un entrevistador probablemente querrá saber cuándo demostró esta habilidad. Hay diferentes palabras que pueden usar para preguntas de colaboración. Estas incluyen:
• Capacidad para trabajar con personas difíciles
•Habilidades interpersonales
•Colaboración

Veremos una respuesta a la posición de un programador de computadoras. Algunas de las responsabilidades podrían incluir trabajo integrado con codificación de diferentes programadores y escribir aplicaciones de código:

> *"Trabajé en Pixelcon Gaming y estábamos trabajando en un nuevo videojuego. Se suponía que debía escribir código para los vehículos en el juego. A mitad del proyecto, el gerente del proyecto y el director creativo no pudieron elegir un final. Estaba en buena posición con los dos, así que les convencí de tener una sesión de sala de guerra conmigo. Durante nuestra sesión, dirigí un ejercicio de lluvia de ideas para que pudieran compartir sus ideas. Pudimos llegar a varias ideas diferentes que no habían sido consideradas, y una de ellas resultó ser la opción que elegimos. Al final, pudimos acordar la mejor solución y completamos el proyecto a tiempo. Ese juego es ahora un best seller".*

Cuando se trata de preguntas de colaboración, el entrevistador está tratando de ver si usted puede lograr que otros trabajen juntos para lograr un objetivo común. Quieren saber que usted puede escuchar varios puntos de vista y luego descubrir el terreno común.

Hábleme acerca de un momento en el que haya demostrado grandes habilidades de análisis

Si el trabajo que busca obtener requiere habilidades analíticas, el entrevistador querrá que usted sepa qué tan bien puede usar los datos para tomar decisiones. Hay algunas maneras en que esta pregunta puede formularse. Incluyen:
• La capacidad de usar datos para tomar una decisión
• Capacidad de pensar estratégicamente
• Capacidad para resolver problemas complejos
• Capacidad de análisis

Veremos una respuesta de ejemplo para el puesto de director de innovación para una tienda de artículos deportivos. Algunas de las responsabilidades serían determinar el potencial del mercado e identificar nuevas líneas de productos:

"Trabajé en Top Shot Sporting Goods como gerente de innovación. Se me pidió que evaluara e identificara oportunidades de negocio para una nueva línea de equipos deportivos. Mientras asistía al torneo de artes marciales de mi hijo, vi a cientos de niños usando equipo de combate, así que comencé a considerar esto como una nueva línea de productos. Durante mi investigación, descubrí que más de cuatro millones de estadounidenses participan en algún tipo de artes marciales. Estas personas gastan, en promedio, $ 200 anuales en equipo. Eso es alrededor de $ 800 millones en oportunidades minoristas. Con un margen de beneficio promedio del 50 por ciento, la oportunidad mayorista es de aproximadamente $ 400 millones. Esta información me ayudó a persuadir al equipo ejecutivo de aprobar una prueba para una línea de artes marciales. Terminamos creando una nueva línea de productos que ha estado entregando más de cuatro millones de dólares en ventas

cada año. Con solo una cuota de mercado del uno por ciento, tienen más espacio para crecer".

Cuando se trata de preguntas que requieren análisis, el entrevistador quiere ver que usted puede descubrir datos relevantes y usar esos datos para tomar las mejores decisiones. Quieren ver que usted puede realizar investigaciones y hacer suposiciones realistas cuando sea necesario.

Lo mejor y lo peor de usted

Estas son las preguntas que todo el mundo odia. Si bien todos saben, en el fondo, cuáles son sus fortalezas y debilidades, todos parecemos tener dificultades para responder las preguntas sobre ellas. Usted puede garantizar que en su entrevista se formulará una pregunta de esta sección. Si no, es un milagro.

El entrevistador está buscando ver: uno, si usted puede ser honesto, y dos, si puede hacer el trabajo que necesitan que haga. Nadie realmente quiere compartir sus caídas, pero usted no tiene que centrarse en los aspectos negativos de ellas. Pueden ser experiencias de aprendizaje, y así es como debe responder este tipo de preguntas.

Cuando se le presenta una pregunta que parece tener una respuesta negativa, debe responderla de una manera que le dé un giro positivo. Cuando le hagan una pregunta que tenga una respuesta positiva, asegúrese de ser humilde y no ser arrogante. Una persona que no puede ver lo bueno en una mala situación o alguien que piensa demasiado bien de sí mismo no es alguien que la compañía pueda contratar.

Hábleme de un momento en el que se arrepintió de la decisión que tomó

El entrevistador podría preguntarle sobre una decisión que lamenta y ver si usted puede aprender de los errores que comete. Este tipo de preguntas le dan la oportunidad de mostrar su capacidad de adaptarse a entornos cambiantes y utilizar sus experiencias para ser más eficiente.

Con estas preguntas, bríndeles una respuesta que resalte una habilidad clave que proviene de la descripción del trabajo. Esto asegurará que su entrevistador verá que usted aprendió de experiencias pasadas y que las probabilidades de que cometa el mismo error son escasas si lo contratan.

Veremos una respuesta a esta pregunta para el puesto de director de estrategia. Algunas de las responsabilidades de este trabajo podrían ser el desarrollo de recomendaciones para modelos de negocios, la gestión de equipos de consultores y el liderazgo de proyectos estratégicos:

> *"Trabajé como gerente de estrategia en Capital Bank. Me asignaron escribir un resumen del proyecto para preparar a nuestra empresa de consultoría para un nuevo proyecto. El proyecto requería crear una nueva estrategia para mejorar la satisfacción del cliente. El informe que escribí usaba una plantilla que el banco había usado en el pasado para proyectos de consultoría. La firma de consultoría asignó sus propios equipos de expertos en finanzas, pero no tenían a nadie en su equipo que tuviera experiencia en investigación de clientes. Esto significaba que sus recomendaciones iniciales incluían medidas de reducción de costos, pero no abordaban el objetivo principal, que era ayudar a satisfacer a los clientes. Me di cuenta de que tenía que haber un nuevo enfoque, así que hablé con el líder de su proyecto. Le pedí que trabajara conmigo para elaborar un nuevo informe para poder encontrar las habilidades que necesitaban para la tarea. Como vi el error desde el principio, ayudé a la empresa consultora a encontrar una persona con la experiencia requerida para el proyecto. También necesitaba revisar el informe de la compañía para incluir las "habilidades requeridas" para que no tuviéramos este problema en el futuro. El equipo financiero estimó que el*

> *nuevo informe ayudaría a ahorrar al banco alrededor de $ 100,000 cada año en honorarios de consultoría, ya que los proyectos contarían con personas con las habilidades requeridas. A partir de esto, aprendí que cada proyecto es único y tengo que asegurarme de evaluar el alcance de cada proyecto para que los miembros del equipo con las habilidades adecuadas manejen las necesidades del proyecto".*

Esta es una gran respuesta porque el candidato ha demostrado que aprendió algo de un error y descubrió una manera de asegurarse de que no vuelva a suceder. Cuando usted se prepare para una pregunta como esta, asegúrese de encontrar un ejemplo que muestre cómo puede mejorar la empresa una vez que lo contraten.

Esto le permitirá al entrevistador ver que usted es la mejor opción porque no solo comete un error y sigue adelante; aprende y luego ayuda a otros a evitar este mismo error.

¿Cuál es su mayor fracaso?

¿Por qué hacen esta pregunta? No todo va siempre como usted quiere. Su entrevistador necesita entender cómo se enfrenta a las cosas cuando algo no sale bien.

Aborde la pregunta. Nunca la evite afirmando que nunca ha fallado: todos han fallado en algo en algún momento de sus vidas. Dé un fallo relevante y dígales lo que aprendió de ello y que eso lo hace ser quien es hoy:

> *"Al principio de mi carrera, me estresaba tratando de aumentar mis capacidades. Trabajé a tiempo completo e iba a mi maestría todas las noches y los fines de semana. Pude administrarlo hasta que obtuve un ascenso en el trabajo. Comencé a sentirme abrumado y dejé el programa de maestría cuando terminó el semestre. Me hizo sentir como un fracaso, ya que podría haber tomado más tiempo para resolver las responsabilidades. He aprendido a pensar mejor las cosas ahora antes de tomar decisiones finales. Solo como anécdota: ¡he reiniciado mi programa de maestría, y las cosas van muy bien!".*

¿Cómo define el fracaso?

¿Por qué hacen esta pregunta? Cuando trabaja, se trata de cumplir objetivos. El entrevistador quiere saber cómo usted juzga cosas como el fracaso y el éxito.

Dele una idea de cómo trabaja para que resulte atractivo para el entrevistador:

> *"Para mí, el fracaso significa que ni siquiera lo estás intentando. A veces habrá oportunidades que un supervisor le puede dar a una persona y esta lo puede aceptar si está dispuesta a asumir el desafío. La mayoría de las personas tienen miedo de fracasar, por lo que ni siquiera intentarán asumir una tarea desafiante. Para mí, no intentar algo solo porque está fuera de mi zona de confort sería fracaso".*

¿Cuál es su mayor debilidad?

¿Por qué le están haciendo esta pregunta? El entrevistador hace esta pregunta para conocer mejor al profesional. No solo quieren escuchar las cosas que usted hace bien, sino las que no hace bien.

Dígales una debilidad que haya tenido, lo que hizo para superarla y cómo ha afectado su vida:

> *"Siempre me he considerado una persona tranquila. Me siento muy cómodo hablando con otros uno a uno o dando presentaciones. Siempre me he sentido intimidado al presentarme ante personas que no conozco. Debido a mi papel en el mundo de los negocios, sabía que tenía que superar eso. He hecho un gran esfuerzo para salir y conocer gente nueva. Sí, es intimidante hacer esto, pero no creo que nadie haya notado que a veces me siento incómodo y he hecho algunas conexiones excelentes".*

Si un antiguo gerente le preguntara qué 3 cosas le gustaría que mejorara, ¿qué le respondería?

¿Por qué le hacen esta pregunta? El entrevistador le pide que sea honesto y comparta algunos aspectos profesionales sobre usted que podrían ser sus puntos fuertes.

Trate de concentrarse en las facetas sobre usted que podrían haber sido formas de mejorarse al inicio de su carrera. Indique las formas en que superó esas debilidades y dónde está hoy:

> *"El supervisor en mi primer trabajo tenía una personalidad dura, por lo que tengo una buena idea de cómo responder a esto. Ellos dirían:*
>
> *"Tiene malas habilidades de comunicación": Pensó que no podía comunicarme bien y que no se me debería permitir contestar el teléfono. Sentí que esto se debía a que hablo en silencio cuando me acostumbro a una situación. He tomado medidas para mejorar mis habilidades de comunicación. Llevo cinco años yendo a reuniones de maestros de brindis. Esto ha mejorado mi forma de hablar en público, y esta es una parte importante de mi trabajo.*
>
> *"Tiene conocimientos técnicos limitados": Cuando comencé ese trabajo en particular no tenía experiencia en el uso de una computadora, por lo que fue una curva de aprendizaje difícil para mí. Cuando me sentí cómodo usando la tecnología, lo tomé muy bien. Ahora, disfruto haciendo podcasts, blogs, redes sociales, etc.*
>
> *"Él no es un líder": Sé por qué mi primer jefe tuvo esta percepción de mí. Como se mencionó, estaba tranquilo y me sentía intimidado fácilmente. Solo me concentré en el trabajo. Desde entonces, he crecido como profesional, y mis habilidades de liderazgo también han crecido. Mientras hacía ese trabajo, ayudé a capacitar a nuevos empleados y estaba a cargo de administrar la oficina cuando el supervisor estaba fuera de la oficina. Crecí en mi carrera y asumí el papel de líder de equipo".*

¿De qué logro está más orgulloso?

¿Por qué hacen esta pregunta? El entrevistador quiere saber lo que usted ha logrado en su pasado, y de esta forma saber lo que podrá lograr en el futuro.

Intente pintarles una imagen con palabras de lo que logró y que sea relevante para el puesto que está solicitando:

"Me llamaron para hacer un trabajo destinado a dos personas. Cumplí con las demandas de ambos puestos, pero para sobresalir, ya que la compañía adquirió muchos negocios nuevos, el CEO buscaba a una persona con experiencia en administración de cuentas para dirigir un nuevo equipo. Me pidieron que lo hiciera manteniendo mi antigua posición también. Pasaría unos dos días y medio en cada lugar por semana. Al maximizar los recursos, especialmente usando la tecnología para comunicarme, me mantuve al tanto de cada rol y superé las expectativas".

¿Cómo maneja el estrés?

¿Por qué hacen esta pregunta? El entrevistador quiere saber cómo usted maneja el estrés, ya que el trabajo suele ser estresante.

Sea honesto sobre el estrés. Dé ejemplos concretos para mostrar la forma en que maneja el estrés:

"Intento priorizar mi tiempo y mantener la calma cuando pienso en lo que tengo que hacer primero. Si es una época estresante del año, me aseguro de tomar el almuerzo lejos de mi escritorio y hacer algo de ejercicio. Creo que me hace sentir renovado, así que tengo la energía para lidiar con el trabajo".

¿Cómo equilibra el trabajo y su vida privada?

¿Por qué hacen esta pregunta? El entrevistador quiere saber si usted es una persona completa.

Dé buenos ejemplos de formas en que mantiene el equilibrio. No se impresionarán si les dice que no puede mantener el equilibrio y que es adicto al trabajo:

"Es difícil mantener el equilibrio adecuado, pero creo que lo manejo muy bien. Para mí, la clave es maximizar mi tiempo. En el tren al trabajo, me preparo para el trabajo, y mientras voy a casa, me estoy preparando para el día siguiente. Al hacer esto, puedo mitigar la necesidad de quedarme hasta tarde en la oficina y pasar tiempo con la familia. Los fines de semana son para mi familia, a menos que haya algo esencial de lo que tenga que ocuparme antes de que llegue el lunes".

¿Usted es competitivo?

¿Por qué hacen esta pregunta? Muchos trabajos requieren una cantidad específica de competencia, ya sea externamente o entre empleados. El entrevistador quiere ver qué tan bien maneja las cosas. Proporciónele ejemplos claros que demuestren que usted ama la competencia, pero que no hará nada poco ético solo para salir adelante:

"Disfruto de la competencia saludable. Creo que competir con compañeros de trabajo nos motiva a todos a hacerlo mejor. Si a alguien se le ocurre una gran técnica o estrategia que funcione bien, la siguiente persona puede construir sobre eso, y todos pueden crecer".

¿Cuáles son sus mejores habilidades?

¿Por qué hacen esta pregunta? El entrevistador quiere conocer las habilidades que usted aportaría a la mesa. Es importante que lo sepan cuando decidan si lo contratan o no.

Trate de enfocarse en las habilidades más apropiadas para el trabajo para el que le están entrevistando. Usted no puede simplemente nombrar sus habilidades como si estuviera haciendo una lista de compras. Tómese este tiempo para explicar qué tan competente es en cada habilidad para el trabajo:

"Soy excelente para comunicarme. Presento bien mis ideas en persona, a través de las redes sociales y por escrito. He trabajado duro para mejorar estas habilidades porque siento que el valor de una gran idea no tiene sentido si no puedo presentarla de una forma que otros puedan entender.

Soy un verdadero jugador de equipo. No hay lugar para una actitud de "yo primero" en el lugar de trabajo; todos tenemos que trabajar juntos para alcanzar los objetivos. Cuando haya completado mi trabajo, caminaré por mi departamento y preguntaré a mis compañeros de trabajo si hay algo que pueda hacer para ayudar y contribuir".

Hábleme de una vez que cometió un error debido a que no escuchó bien lo que le dijeron

¿Por qué hacen esta pregunta? Todos cometen errores de vez en cuando. El entrevistador quiere saber si usted aprendió algo de ellos y cómo los arregló.

Reconozca su error. Dígales lo que aprendió de él y cómo lo convirtió en un mejor trabajador:

> *"Me pidieron que realizara una comparación de ventas mes a mes y creara cuadros y gráficos correspondientes para una presentación. Salté con los dos pies. Estaba muy emocionado por mostrárselo a mi jefe hasta que me informó que solo quería que hiciera comparaciones durante los últimos tres meses y no durante todo el año. Desafortunadamente, había desperdiciado mucho tiempo de la compañía al poner toda la información adicional y no trabajar en nada más. Aprendí a prestar atención la próxima vez y confirmar lo que mi supervisor quería antes de comenzar".*

¿Usted alguna vez ha tenido que hacer un ajuste difícil? ¿Cuál fue?

¿Por qué hacen esta pregunta? Habrá cambios constantes en el lugar de trabajo, y el entrevistador quiere saber cómo puede sobrellevar esto.

Deles ejemplos de cambios que usted haya hecho y que sean relevantes para el trabajo para el que lo están entrevistando. Dígales cuál fue el desafío, cómo lo superó y el resultado:

> *"El cambio puede ser difícil, pero siempre estoy listo para aceptarlo. Dentro de mi industria, una habilidad que es importante tener es la capacidad de involucrar a los clientes uno a uno y construir una buena relación para fortalecer las relaciones. Mi compañía pidió a todos en la división que detuvieran todas las reuniones en persona y comenzaran a hacer lo que hacemos por teléfono o computadora. Al principio fue difícil establecer una buena relación sin estar cara a cara. A medida que pasé a confiar en nuevos métodos de comunicación, creé nuevas estrategias para iniciar conversaciones con clientes de forma remota. Al final, pude interactuar con más clientes usando la nueva estrategia, y*

descubrí que ahora puedo involucrar a los clientes tan remotamente como puedo en persona".

¿Alguna vez ha juzgado mal a alguien?

¿Por qué hacen esta pregunta? El entrevistador quiere saber si usted puede interactuar bien con los demás, ya que esta es una parte importante de cualquier trabajo.

Deles una idea clara de por qué juzgó mal a alguien, qué sucedió y cómo se resolvió:

"Intento no juzgar a las personas que no conozco bien, pero podría suceder ocasionalmente. Había una nueva persona que se unió a nuestra división. Parecía estar moviéndose extremadamente rápido como para ser notado por la alta gerencia. Estableció reuniones con los vicepresidentes y comenzó a dar informes sobre qué tan bien estábamos operando. Lo que no me di cuenta es que era nuevo en esta industria y que no conocía el protocolo de comunicación que estaba en vigor. Cuando se dio cuenta, se sintió muy avergonzado y comenzó a ser un jugador de equipo. Es muy humilde y no buscaba pasar por alto a nadie".

¿Que aprendió de sus errores?

¿Por qué hacen esta pregunta? Todos cometerán errores, y el entrevistador solo quiere saber cómo se aprende de ellos.

Usted tiene que admitir sus errores y explicar lo que aprendió. Dígale cómo esto le hizo ser un mejor trabajador:

"Al principio de mi carrera, sí me abrumaba el trabajo, intentaría trabajar lo más rápido posible para mantener el ritmo. Esto me hizo cometer un error en una hoja de cálculo. Dejé algunos datos valiosos y los envié como estaban. Cuando me di cuenta de que me equivoqué con el informe, me di cuenta de que era mejor tomarme mi tiempo y hacer el trabajo correctamente en lugar de apresurarme".

Describa un momento en el que no estuvo completamente satisfecho con su actuación. ¿Cómo lo resolvió?

¿Por qué hacen esta pregunta? El entrevistador quiere saber si usted se toma en serio su trabajo y si se hace responsable.

Deles un ejemplo que sea relevante para el trabajo para el que le están entrevistando. Cuénteles sobre el trabajo que hizo, por qué no estaba satisfecho con él, qué aprendió y cómo le ayudó a mejorar:

"Me pidieron que realizara un análisis sobre un competidor. Examiné todas las métricas importantes. Mi supervisor estaba satisfecho con el informe y me dijeron que era útil para tomar decisiones de inversión. Mientras aprendía más estrategias para ejecutar un informe como este, me avergoncé de la calidad de mi trabajo. Me di cuenta de que debería haber incluido competidores en mercados relacionados y no solo competencia directa. Aprendí a confiar en analistas senior para que me dieran su opinión antes de presentar un informe final".

¿Qué critica ha recibido que haya sido la más útil para usted?

¿Por qué hacen esta pregunta? El entrevistador quiere saber si usted puede tomar críticas constructivas y las cosas que ha aprendido.

Deles ejemplos de críticas que alguien le haya hecho y que sean relevantes para el trabajo para el que le están entrevistando. Sea claro sobre lo que ha aprendido:

"Mientras estaba en la universidad, planeé ingresar al campo de marketing de eventos en vivo para mi carrera. En una entrevista para una pasantía de verano, el director sugirió que reconsiderara mi interés en el campo, ya que tendría que comprometerme muchas noches, fines de semana y viajar al puesto. Al considerar lo que quería de una carrera, reorienté mis esfuerzos hacia el marketing de marca, y eso ha encajado mejor".

¿En qué destaca?

¿Por qué hacen esta pregunta? El entrevistador está tratando de saber cuáles son sus mayores fortalezas junto con su nivel de confianza.

Deles ejemplos que sean relevantes para el trabajo para el que le están entrevistando. Concéntrese en algunas cosas en las que podría no ser excelente, pero ha trabajado duro para mejorar:

> *"Creo que soy un oyente natural y doy consejos útiles. Otros aspectos en los que soy bueno no fueron muy fáciles. He trabajado mucho para aprenderlos, pero ahora creo que soy muy fuerte. Esas habilidades incluyen el conocimiento de hojas de cálculo, escribir informes y hacer presentaciones".*

¿Alguna vez ha tenido que tomar una decisión sin tener toda la información que necesitaba?

¿Por qué hacen esta pregunta? Cada trabajo requerirá que haga juicios sin tener toda la información. El entrevistador quiere saber cómo usted se ha enfrentado a las decisiones en el pasado para poder entender la forma en que maneja las cosas ahora.

Deles un ejemplo de una decisión que haya tomado que sea relevante para el trabajo para el que le están entrevistando. Cuénteles sobre todo el proceso, qué decisión tomó y por qué y el resultado:

> *"En el espacio del comercio electrónico, tenemos que hacer predicciones sobre qué artículos estarán en demanda durante la temporada de compras navideñas. Observamos las cifras de ventas pasadas y el interés en ciertos productos para predecir, pero puede ser difícil de entender. Normalmente, ha funcionado bien, pero hubo algunos años que no. Los primeros años que estuve involucrado, recibimos un golpe, pero pude construir mejores métricas para aprender de nuestros errores y mejorar las cosas en el futuro".*

¿Qué diría su supervisor anterior si le preguntaran cuál es su punto más fuerte?

¿Por qué hacen esta pregunta? El entrevistador quiere saber si sus puntos fuertes coinciden con el trabajo para el que le están entrevistando.

Trate de enfocarse en una fortaleza que ellos valorarían en este trabajo. Deles un ejemplo de cómo ha usado sus fortalezas con éxito:

> *"Mi supervisor diría que mi mayor fortaleza es mi actitud de poder hacer. Alguien podría tener todas las habilidades del mundo, pero si no están dispuestos a darlo todo, todos los días en cualquier momento para cualquier persona, esas no son grandes habilidades. Siempre estoy dispuesto a hacer lo mejor y ayudar, ya que sé que se trata de cumplir con los objetivos de la empresa".*

¿Cuál es la parte más difícil de ser un (nombre del trabajo)?

¿Por qué hacen esta pregunta? El entrevistador quiere considerar cuáles son las partes difíciles de su trabajo actual y si es relevante para el puesto para el que le están entrevistando.

Trate de enfocarse en algo difícil con lo que haya lidiado que sea relevante para el puesto que desea. Dígales cómo superó el desafío:

> *"Para mí, la parte más difícil de mi último trabajo fue despedir personas. Cada vez que tenía que dejar ir a alguien, tenía mariposas en el estómago todo el tiempo. A veces, tendría incluso náuseas. Quiero que la empresa para la que trabajo funcione de la manera más eficiente posible. Cuando un equipo puede unirse y hacer eso, todos pueden ayudarse mutuamente y apoyar a sus familias. Habrá momentos en que una persona ya no encajará en la dinámica de la compañía, y tenemos que dejarla ir para asegurarnos de tener la mejor compañía del mercado".*

¿Cuál es su mayor fortaleza?

Esta debería ser una de las cosas más fáciles de responder durante la entrevista, pero algunos candidatos brindan respuestas a esta pregunta que no se relacionan con el rol que están solicitando. También hay personas que brindan una respuesta breve sin conectarla con el trabajo. Por ejemplo, si usted se está entrevistando para un puesto de marketing, puede decir que su mayor fortaleza es la organización. Esta sería una gran respuesta para una persona que quiere ser contable, pero no sería tan buena para un vendedor.

Usted debe hablarle al entrevistador sobre una fortaleza que esté directamente relacionada con el rol que desea. Luego, siga su respuesta con un ejemplo de dónde utilizó esa fortaleza para obtener resultados. Aquí hay algunas fortalezas y trabajos con los que se alinean:
- Médico: diagnóstico y tratamiento de enfermedades complejas
- Vendedor: puede construir relaciones sólidas
- Gerente: puede dirigir personas
- Contador: atención al detalle

Cuando responda una pregunta como esta, elija las fortalezas que se ajusten al rol que está solicitando. Luego, bríndeles un ejemplo de cómo ha utilizado esta fortaleza para obtener resultados en sus posiciones anteriores.

Vamos a ver una respuesta al papel de un psiquiatra. Algunas de las responsabilidades de este trabajo podrían incluir el tratamiento y diagnóstico de personas que tienen desafíos emocionales o cognitivos:

"Siempre he sido excelente escuchando. Mientras estaba en mi residencia, mi supervisor siempre dijo que mis habilidades para escuchar eran excepcionales cuando se trataba de descubrir detalles importantes que otros a menudo extrañarían. Hubo un momento en que mi supervisor me pidió que entrevistara a una mujer que había recibido un diagnóstico de TOC para ver cuál sería el mejor tratamiento. Mientras la entrevistaba, mencionó que tenía problemas en la escuela secundaria. Le hice algunas preguntas para obtener más información. Finalmente, reveló que fue testigo de un amigo herido en un accidente grave. Descubrí que sus síntomas comenzaron poco después de esto. Con esto, corregí su diagnóstico de TOC a TEPT. Como pude escuchar con atención, pude captar algo que el otro médico no había visto. Arreglé el diagnóstico para que no terminara viviendo con el diagnóstico incorrecto durante años. Esto ayudó al equipo de tratamiento a conseguir la medicación adecuada, y

> *ahora se ha convertido en una gran madre, se casó y puede mantener un trabajo".*

El entrevistador está buscando escuchar acerca de una fortaleza que lo hace perfecto para el puesto que necesita ocupar. Cuando usted revise la descripción del trabajo, piense en las cosas que hace excepcionalmente que coinciden con la descripción. Luego, encuentre el mejor ejemplo de cuándo usó esa habilidad.

¿Cuál es su mayor debilidad?

Los entrevistadores a menudo le preguntarán esto para ver si usted es consciente de sí mismo. Una persona que les dice que no tiene debilidades se muestra arrogante o es difícil trabajar con ellos. Si comparte una debilidad que en realidad es una fortaleza, va a parecer poco sincero.

La mejor manera de abordar esta pregunta es compartir una debilidad que haya logrado superar o una debilidad que no esté relacionada con el trabajo que está solicitando.

Vamos a ver una respuesta para el papel de un vicepresidente de ventas. Algunas de las responsabilidades que podría incluir este trabajo son hacer cambios en la organización de un departamento, determinar las necesidades de capacitación y reclutamiento, y liderar estrategias de ventas:

> *"Por lo general, he sido mejor al enfocarme en el panorama general en lugar de los pequeños detalles. Cuando comencé a trabajar como vendedor, ese problema terminó causándome problemas. Por ejemplo, tuve que vender una línea de alimentos para mascotas a un minorista importante, y querían tener ofertas exclusivas de precios para cada artículo. Traté de manejar el complejo plan de precios, pero fue difícil hacer que cada parte fuera correcta. Afortunadamente, esto me enseñó a involucrar a mis contrapartes financieras cuando se trataba de transacciones que necesitaban más atención. Con esta experiencia, aprendí a construir mejores relaciones con otros que son fuertes en áreas en las que yo no lo soy. Mis colegas más valorados son mis contrapartes financieras. Valoran el hecho de que soy*

excelente para construir relaciones con los clientes y crear estrategias de ventas que funcionen, y los valoro por su capacidad para gestionar todos los pequeños detalles. Como resultado, mi equipo ha podido aumentar las ventas de la compañía en los últimos tres años".

Esta es una gran respuesta a una pregunta difícil porque muestra que es efectivo en el papel para el que le están entrevistando. Un vicepresidente de ventas no se involucrará en los pequeños detalles, por lo que está perfectamente bien que no sea una persona detallista. Sin embargo, es bueno que reconozcan su debilidad y sepan compensarla.

Si se le presenta esta pregunta, asegúrese de ser honesto con su respuesta, pero proporcione una respuesta que aún les permita saber que usted es la mejor opción para el trabajo por el que está allí. Además, esto ayuda a mostrar cómo ha aprendido a superarlo o compensarlo.

¿Usted los conoce?

Estas preguntas se hacen para ver qué tan bien usted conoce a la empresa. Estas preguntas les ayudan a saber si usted está listo para el puesto y si es plenamente consciente de las responsabilidades que tendrá en el puesto. Algunas de estas preguntas se pueden enmarcar como hemos formulado algunas de las preguntas anteriores sobre su pasión, experiencia y lo que desea hacer a continuación.
Luego habrá algunos que utilizarán el marco del plan de 30-60-90 días. Explicamos ese marco en el próximo capítulo porque trata sobre más preguntas basadas en el tiempo.
Estas preguntas son la razón por la cual le sugerimos que investigue el puesto y la empresa. Usted no debe ser tomado por sorpresa con estas preguntas al ignorar completamente lo que hace la compañía y lo que se supone que debe hacer.

¿Qué es lo primero que hará?

Si le hacen esta pregunta, su respuesta nunca debe ser: "¡FIESTA!". El entrevistador no quiere saber cómo va a celebrar conseguir el trabajo; buscan averiguar si va a tener un impacto inmediato o no, o si va a necesitar mucha mano y capacitación para ayudarlo a ponerse al día. Es importante que usted les demuestre que está listo para comenzar a funcionar.
Vamos a ver un ejemplo de esta pregunta para el puesto de gerente de consultorio en el consultorio de un médico. Las responsabilidades para este trabajo podrían incluir la capacitación del personal, la

asignación de tareas administrativas y la organización de las operaciones de la oficina:

"Me alegra que lo hayas preguntado. Me he tomado la libertad de elaborar un plan de 30-60-90 días para poder mostrarle mis pensamientos sobre cómo abordar este trabajo. Durante los primeros 30 días, me gustaría conocer a todos en la oficina y escuchar qué sugerencias tienen para la mejor manera de abordar mi papel. Durante esta etapa también me gustaría conocer su proceso para mantener registros médicos, facturación y citas de reserva. Durante los próximos 30 días, me gustaría encontrar e implementar algunas cosas para asegurarme de que nuestra cultura de oficina se mantenga sólida. También quiero encontrar formas de mejorar nuestros procesos. Luego, en los próximos 30 días, me gustaría asegurarme de que los miembros del personal reciban la capacitación que necesitan para ser efectivos en su posición. También me gustaría hacer algunos cambios en los roles de los miembros del personal en función de sus intereses y capacidades. Aquí hay una copia de mi plan. ¿Quieres que cambie algo?"

Cuando usted termine su respuesta con una pregunta, pasará la entrevista al modo de resolución de problemas. De esta manera, usted le informa al entrevistador que comprende que siempre hay margen de mejora y lo invita a que lo ayuden a mejorar. Si se involucran y comienzan a ayudarlo con su plan, entonces querrán verlo triunfar.

Echemos un vistazo rápido de cómo sería una mala respuesta a esta pregunta. Seguiremos utilizando un puesto de gerente de oficina:

"Bueno, supongo que su sistema de facturación será horrible, así que tendré que arreglar eso. Un amigo mío es contable, por lo que le pediría que me ayudara a crear un mejor sistema de facturación de inmediato. Luego, me aseguraría de que el personal esté al tanto de lo que quiero que hagan. Soy estricto en cuanto a cómo manejo las cosas, por lo que esperaría que mi personal llegue temprano y se mantenga productivo durante todo el día. También esperaría que todas las tareas estén terminadas antes de que se vayan por el resto del día".

Este es un enfoque demasiado agresivo y definitivamente alienaría a los empleadores. Sin embargo, de nuevo, podrían haber respondido la pregunta de esta manera:

> *"Me gustaría conocer a todos en la oficina. Creo que es importante tener amigos en el trabajo, por lo que me gustaría almorzar o tomar un café con cada uno de ellos. Entonces se me ocurrirían algunos ejercicios de trabajo en equipo. Tal vez podríamos viajar fuera del sitio a un retiro de la compañía. Creo que esto ayudaría al personal a saber quién soy".*

Si bien la creación de equipos es una buena idea, también lo es lograr el trabajo. Es importante que usted pueda encontrar un equilibrio entre conocer a sus compañeros de trabajo y tener un impacto.

¿Cómo supo de nosotros?

Esto probablemente parece una pregunta simple e inofensiva que debería tener una respuesta corta. Sin embargo, esta es una excelente manera de distinguirse de los demás. Si otras personas respondieron rápidamente: "Encontré la lista de empleos en LinkedIn", tiene la oportunidad de impresionar al gerente de contratación con una respuesta que muestre cuán comprometido está con su empresa.

Veremos una respuesta a la pregunta para el puesto de maestro. Algunas responsabilidades para esta pregunta incluyen mantener un aula ordenada, enseñar a los estudiantes y crear planes de lecciones:

> *"Siempre quise enseñar en una escuela que tiene una comunidad fuerte. He estado trabajando como sustituto del Distrito Escolar North Buncombe durante los últimos tres años. He estado tratando de encontrar una escuela donde tenga la oportunidad de convertirme en un maestro a tiempo completo, ya que tengo un título de educación de la Universidad de West. Todavía no he sido un sustituto en su escuela, pero muchos de mis colegas sí. Me han dicho lo increíble que es su personal aquí. También he leído sobre su*

enfoque progresivo a los planes de lecciones, y me gusta lo que he visto. También me he tomado el tiempo de leer su feed de Facebook y su sitio web, y me encanta cómo ha construido la comunidad. Descubrí su listado de trabajo porque reviso regularmente sus anuncios de trabajo con la esperanza de encontrar una posición abierta como esta. A través de mi investigación, creo que este es el lugar perfecto para convertirme en un miembro valioso de su personal".

Este candidato investigó bastante antes de dirigirse a su entrevista. Esto es mucho más impresionante que decirle a alguien que encontró el listado de trabajo en craigslist.

Antes de dirigirse a una entrevista, tómese un tiempo para revisar: el sitio web de la compañía, las redes sociales, los artículos de noticias recientes sobre ellos y trate de hablar con otras personas que han trabajado para ellos. Esto lo distinguirá de otros que han solicitado este trabajo.

A los entrevistadores les encanta cuando usted les demuestra que ha puesto un poco de esfuerzo en la búsqueda de empleo, especialmente cuando el esfuerzo se ha dirigido a su empresa. Les muestra que es más probable que permanezca con ellos si ha realizado una buena cantidad de investigación necesaria para determinar que son los adecuados. Por lo tanto, proporcione una respuesta a esta pregunta que tenga detalles sobre su búsqueda de empleo.

¿Qué sabe de nosotros?

Piden esto para averiguar qué tan interesado está en el trabajo. Si no proporciona una buena respuesta a esta pregunta, la entrevista habrá terminado. Asegúrese de mostrarles que está realmente interesado en el trabajo.

Usted puede asegurarse de estar preparado para esta pregunta haciendo su investigación sobre la compañía antes de ir a la entrevista. Mire a través de su sitio web, busque en Google y mire su perfil de LinkedIn:

Aquí hay una buena respuesta si usted está solicitando el puesto de contador:

> "Su empresa fue fundada en 1988 por Robert Adams y Jessica Stewart para proporcionar servicios corporativos y de auditoría, así como otros informes y cumplimiento normativo. La firma ahora tiene más de 300 empleados con una gran reputación. Algunos de sus clientes son compañías importantes de todo ese estado. Hay oficinas en tres ciudades principales, y la compañía parece crecer constantemente. Leí un artículo en el que Jessica Stewart en Contabilidad 101 habló sobre los resultados de la investigación que la compañía ha realizado para informar de manera efectiva los datos con precisión a través de una aplicación móvil. Esta es una investigación muy interesante porque sé la importancia de informar y recopilar dichos datos con precisión, especialmente para ayudar a que la administración sea efectiva".

No exagere con los cumplidos. Muéstreles que ha investigado lo suficiente para saber que comprende y está interesado en trabajar con la organización, pero trate de no parecer un "acosador".

Su Futuro

Los entrevistadores a menudo harán este tipo de preguntas para evaluar el tipo de interés que usted tiene con el trabajo que está solicitando. Quieren ver si usted planea estar con la compañía durante muchos años, o si es un trampolín para usted.

Para algunas de las preguntas, puede usar el mismo tipo de marco del que hemos hablado antes, donde cubre su pasión, experiencia y lo que quiere lograr a continuación. Para otros, es mejor usar el marco 30-60-90. Este marco describe cómo se ve durante los primeros 30, 60 y 90 días en el trabajo.

Si le presenta al gerente de contratación un plan bien pensado de 30-60-90 días, lo sorprenderá. Incluso si todas sus ideas no están completamente en línea con la situación específica de la compañía, igual lo impresionará con el hecho de que se tomó el tiempo para pensar en sus primeros meses. Así es como puede elaborar un plan de 30-60-90 días:

• 30: hable sobre la rapidez con la que conocerá a sus compañeros de trabajo, definirá sus prioridades y aprenderá sobre el negocio.

    • 60: muestre cómo puede comenzar a mostrar resultados e influir en proyectos relacionados con los suyos.

• 90: muestre cómo puede comenzar a liderar iniciativas con importancia para su departamento y crear nuevas ideas para mejorar el negocio en general.

¿Qué tan pronto quiere crear impacto?

A menudo se le hará esta pregunta si usted está preparado para comenzar a funcionar en la empresa. El entrevistador puede estar buscando resultados inmediatos y quiere saber que puede contar con usted para hacerlo.

Esta es una gran pregunta para usar en el marco del plan de 30-60-90 días. Buscaremos una buena respuesta a esta pregunta cuando solicite el trabajo de un planificador de eventos. Las responsabilidades para este trabajo podrían incluir la administración de cronogramas de eventos, la negociación de contratos y el desarrollo de agendas:

"Planeo tener un impacto inmediato. He sido planificador de eventos en este área durante ocho años, y conozco todas las agencias y lugares locales. He escrito un plan de 30-60-90 días para ayudar a mostrar cómo abordaría esto, en caso de que me contrate. Durante los primeros 30 días, me gustaría conocer a todos los miembros de la empresa que participan en los grandes eventos. Quiero aprender de ellos cómo se ha manejado la planificación del evento en el pasado y luego podemos hablar sobre formas de mejorarlo. Quiero comenzar a trabajar en un evento de inmediato para poder aprender a través de la experiencia del mundo real. En los siguientes 30 días, quiero gestionar eventos más complejos progresivamente. También me gustaría comenzar a usar algunas mejoras para hacer que el proceso de planificación sea más fácil y para que sean aún más impactantes. En los próximos 30 días, me gustaría revisar los contratos y las capacidades de las agencias que normalmente participan en los eventos. Me gustaría ver si puedo notar alguna capacidad que no hayamos aprovechado u oportunidades para ayudarnos a ahorrar dinero. Aquí hay una copia de mi plan. ¿Hay algún cambio que usted haría?"

Esta respuesta muestra un afán de aprender durante sus primeros 30 días. Luego, tiene un plan claro para asumir más responsabilidades cuanto más tiempo esté en el puesto. Le permite al entrevistador saber que el entrevistado comprende que hay una curva de aprendizaje involucrada cuando se une a una nueva organización y que quiere aprender rápidamente.

¿Cuáles son sus metas?

¿Por qué hacen esta pregunta? Quieren saber si sus objetivos se alinearán con la organización.

Trate de enfocarse en un punto donde todos ganen en lugar de solo lo que usted quiere. Sea específico sobre los elementos relevantes en la industria en la que desea trabajar, pero no mencione ciertos puestos de trabajo:

> *"Me gustaría continuar contribuyendo a la organización de medios de una manera muy significativa. El título de mi trabajo no es tan importante como el trabajo que hago. Sé que si contribuyo positivamente, la empresa y todos se beneficiarán y ganarán al final".*

¿Tiene objetivos y metas a corto plazo? ¿Por qué? ¿Cuándo cumplirá estos objetivos? ¿Cómo se está preparando para lograrlos?

¿Por qué hacen esta pregunta? El entrevistador quiere saber cómo sus objetivos coinciden con los objetivos de la empresa.

Piense en el trabajo que está solicitando y deles una respuesta que sería genial para cualquiera en el puesto:

> *"Me gustaría pasar de mi rol como Comprador de Medios a un Comprador de Medios Senior. Esto me permite cumplir algunos de mis objetivos a corto plazo de poder contribuir a la empresa de manera más dinámica, aprender sobre el lado de compra del negocio y tener la oportunidad de guiar y capacitar a los empleados junior".*

Nombre una meta importante que usted se estableció en el pasado y cómo la alcanzó

¿Por qué hacen esta pregunta? Alcanzar sus objetivos es importante en cualquier trabajo. El entrevistador analizará la forma en la que logró eso en el pasado para ver cómo podría hacer las cosas en el futuro.

Dígales una meta que alcanzó con éxito. Bríndeles una descripción de la forma en que logró alcanzar este objetivo, incluidos los desafíos que superó:

"Un objetivo que tenía era asegurar reuniones de negocios con 500 gerentes de marketing en un año para presentarles una nueva herramienta web. El desafío era que nadie en mi compañía había podido tener una reunión con más de 200 personas en un año, ya que había un presupuesto de viaje muy limitado. Hice un plan que ayudó a maximizar mi tiempo y alcance. Utilizando tecnologías como Skype, pude interactuar con mi público objetivo uno a uno sin salir de mi oficina, y esto ahorró un tiempo valioso. Cuando tenía que abandonar la oficina, utilizaba una conferencia relevante como centro y para reunirme con la mayor cantidad de personas posible. Luego viajaría por el lugar de la conferencia y me reuniría con la gente local, por lo que no tenía que hacer viajes por separado. Para construir mi contacto, le pedí a cada uno con quien me reuní que me presentara a alguien nuevo. No solo alcancé mi objetivo, sino que lo superé. Terminé reuniéndome con 540 gerentes de marketing el año pasado".

¿Puede manejar la presión?

También conocidas como preguntas de comportamiento, los entrevistadores hacen estas preguntas para ver si usted sería una buena opción para la empresa. Quieren saber cómo usted puede abordar diferentes situaciones y asegurarse de que puede hacerlo de una manera compatible y aceptable.

Para responder estas preguntas, usted debe enmarcarlo con el método STAR.

Empiece con la situación: Use una oración para describir la situación. Esto podría ser simplemente reafirmar el escenario que le dieron o decirles dónde trabajó por última vez y el título de su trabajo.

Luego hablará sobre la tarea: Esta es una oración para decirle al entrevistador cuál era la tarea o de qué tendría que ocuparse.

A continuación, utilice algunas oraciones para explicar los pasos de acción que tomó para abordar lo que sucedió.

Luego, finalice diciéndole al entrevistador los resultados que obtuvo de la acción que tomó.

Siempre es una buena idea pensar cinco o seis historias antes de la entrevista para adaptarse a diferentes tipos de preguntas. Con los tipos correctos de historias, usted puede estar preparado para una amplia variedad de preguntas. Por ejemplo, es una buena idea tener algunas historias que se ajusten a las siguientes áreas:

1. Analítico: esto incluiría su capacidad para resolver problemas, pensar estratégicamente y aplicar las matemáticas para obtener resultados.
2. Colaboración: esto incluiría crear relaciones y demostrar habilidades interpersonales.
3. Creatividad: esto incluiría pensar fuera de la caja y descubrir nuevas soluciones para solucionar problemas.
4. Liderazgo: esto incluiría crear un equipo, obtener resultados y ser persuasivo.
5. Persistencia: esto incluiría mantenerse enfocado, trabajar duro y mostrar determinación.
6. Flexibilidad: esto incluiría saber cómo administrar su tiempo, ser adaptable y priorizar.

Hábleme de un momento en que tuvo que demostrar flexibilidad

Es probable que un entrevistador quiera saber sobre un momento en que usted tuvo que lidiar con una situación difícil. Podrían estar buscando a alguien que pueda gestionar prioridades competitivas y trabajar en proyectos.

Veremos una respuesta al trabajo de un ingeniero civil. Algunas de las responsabilidades que este trabajo podría tener incluyen el monitoreo del progreso de los proyectos y la planificación de proyectos de construcción:

> "Trabajé en ABC Construction como ingeniero civil. En poco tiempo, estaba llevando a cabo tres proyectos, y todos los gerentes de proyecto querían que trabajara a tiempo completo en sus proyectos. Me reuní con los gerentes para analizar los plazos y determinar qué proyecto era el más urgente. Descubrí que un proyecto no recibiría sus materiales durante seis meses, así que convencí al gerente para que moviera su cronograma un par de semanas. En otro proyecto, pude delegar parte de mi trabajo de redacción a un miembro menor. Luego me enfoqué en el proyecto más urgente con tareas que solo yo podía realizar. Seguí con el miembro junior para asegurarme de que estaban haciendo

> *un buen progreso en su trabajo. Una vez que se terminaron los proyectos, volví mi atención al tercer proyecto que no había sido tan urgente. Al delegar y priorizar, completé todos los proyectos a tiempo. Uno de ellos llegó incluso por debajo del presupuesto porque delegué parte del trabajo a una persona con una tasa de facturación más baja".*

Los entrevistadores aman a las personas que saben cómo priorizar su trabajo. También buscan encontrar una persona que pueda mantener informados a sus gerentes mientras toman decisiones laborales. Es importante que usted elabore sus respuestas relacionadas con la gestión del tiempo, la priorización y la flexibilidad para mostrar todas sus habilidades mientras se asegura de que su gerente esté de acuerdo con la forma en que abordó el problema.

¿Cuándo se enojó por última vez?

¿Por qué hacen esta pregunta? El entrevistador quiere saber cómo maneja las emociones mientras trabaja y si puede seguir siendo profesional.

Responda la pregunta: no trate de decirles que nunca se ha enojado. Deles un buen ejemplo y comparta lo que aprendió de la experiencia:

> *"Como profesional, trato de evitar enojarme con clientes o compañeros de trabajo. Puede haber ocasiones en que alguien pueda hacer algo que me molesta, pero trato de controlar mis emociones. Un ejemplo me viene a la mente. Al principio de mi carrera, tuve que compartir un cubículo con una persona que tenía un trabajo similar al mío. Intento esforzarme al máximo en mi trabajo y ser profesional. Esta persona solo estaba allí por el sueldo. Miraba sitios web inapropiados, realizaba llamadas telefónicas personales e incluso se quedaba dormido cuando se reunía con clientes. La última reunión fue muy perturbadora, ya que no fue solo que él no parecía profesional, sino que también me hizo quedar mal. Finalmente fue reprendido, y pude asumir más responsabilidades y dejar de estar asociado con él".*

¿Alguna vez usted ha ayudado a resolver una disputa entre compañeros de trabajo?

¿Por qué hacen esta pregunta? Las personalidades fuertes y las opiniones en conflicto son una parte normal del lugar de trabajo. Las personas que pueden asumir un papel de liderazgo y resolver problemas son de gran valor.

Dele al entrevistador un ejemplo que demuestre su capacidad para liderar y resolver problemas. Dígales cuál fue el problema, qué acción tomó y qué sucedió al final:

> *"Mientras era gerente de cuentas, fui mentor de dos nuevos empleados. Estaban trabajando estrechamente juntos, y surgió un problema en cuanto a quién obtuvo el crédito por obtener la nueva cuenta. Acordaron hablar conmigo antes de hablar con el supervisor. Después de escucharse mutuamente, acordaron que cada uno merecía un poco de crédito y se dieron cuenta de que, para encontrar el éxito mutuo dentro de sus nuevos roles, sería mejor que continuaran trabajando juntos".*

¿Alguna vez ha tenido que tomar una decisión difícil entre su vida profesional y personal?

¿Por qué hacen esta pregunta? El entrevistador quiere saber qué tan bien equilibra su vida personal y profesional.

Ellos no quieren que usted les diga que siempre priorizará su vida profesional. Dé un ejemplo de una situación difícil que podría estar relacionada con el trabajo para el que está entrevistando. Dígales cómo resolvió la situación con beneficios mutuos:

> *"Es difícil mantener un equilibrio entre la vida personal y profesional. Como mi hija es pequeña, generalmente está en la cama a las 7:30 p.m. Normalmente llegaría a casa mientras ella está despierta. Sé que no siempre es posible, así que mi cónyuge y yo hemos ideado varias formas de hacer que funcione. Si sé que voy a llegar tarde al trabajo, podría despertarme una hora antes para pasar tiempo con el bebé. Hablaré con mi supervisor y averiguaré qué trabajo*

hay que completar en la oficina o qué puedo hacer en casa, para no tener que quedarme hasta tarde. En ese momento, solo hablar de ello con mi supervisor ayuda. Cuando comencé mi nuevo trabajo, requerían que todos los empleados trabajaran dos días a la semana en horas extras. Después de unos seis meses, le expliqué a mi supervisor que los clientes a menudo llegaban tarde una de esas noches y, por lo tanto, le sugerí poder estar disponible más temprano una mañana a la semana para mayor comodidad del cliente. Este cambio me ayudó a ser más eficaz profesionalmente y me permitió pasar más tiempo en casa".

¿Qué sucede si no puede resolver un problema por sí mismo?

¿Por qué hacen esta pregunta? El entrevistador quiere saber cómo maneja los problemas que están por encima de sus capacidades.

Dígales el proceso de saber que el problema estaba más allá de su área de especialización y cómo encontró a alguien para ayudarlo:

"He atendido a clientes en muchas regiones diferentes del mundo, pero las necesidades de la industria bancaria en Australia no me eran familiares. Rápidamente hice mi mejor esfuerzo para adaptarme a sus necesidades, pero sabía que no podía obtener el nivel de experiencia necesario en solo unos días para competir por la cuenta. Después de hablar con mi supervisor, contacté a nuestra división con sede en Nueva Zelanda, ya que sé que tendrían una mejor idea de la cultura de la industria. Nos asociamos para obtener la cuenta, y funcionó muy bien para todos".

¿Alguna vez ha perseverado en un problema difícil para asegurarse de tener un resultado exitoso?

¿Por qué hacen esta pregunta? Cada trabajo tendrá sus desafíos, y el entrevistador quiere saber cómo manejará esto.

Deles ejemplos relevantes de un problema que usted encontró mientras trabajaba, y la forma en que lo solucionó y cuál fue el resultado:

> *"En la primera semana de trabajo, me di cuenta de que los datos no habían sido rastreados de manera efectiva durante muchos años. Encontré archivos en papel con información que era diferente de las bases de datos en línea. Fue un desastre horrible. No estaba seguro de poder extraerme y comenzar a concentrarme en las tareas principales del trabajo. Afortunadamente, había estado trabajando durante algún tiempo en este punto, y tenía suficiente confianza en que sería capaz de organizar las cosas, eventualmente. Aceleré el proceso llegando una hora antes, trabajando durante el almuerzo y quedando una hora tarde para organizar el proyecto. Pasé mis horas normales de trabajo concentrándome en el trabajo principal en cuestión".*

Hábleme de un problema que tuvo que resolver de una manera diferente. ¿Cómo resultó?

¿Por qué hacen esta pregunta? Cada trabajo tendrá problemas que deben resolverse, y el entrevistador quiere saber cómo adopta un enfoque diferente para resolverlos.

Cuénteles sobre un problema que usted estaba enfrentando en su empresa y que ayudó a resolver con el enfoque diferente que usó. Describa algo relevante para el trabajo para el que le están entrevistando:

> *"Debido a algunos errores de gestión ejecutiva en el pasado, mi empresa tenía la percepción de ser un proveedor de servicios con base regional. Como no había presupuesto para hacer una campaña publicitaria, utilicé mi conocimiento de las redes sociales para correr la voz y ganar fuerza en otros mercados. Tuvo éxito y la compañía tiene cuentas fuera de la región".*

Su jefe le trae mucho trabajo a las 3 p.m. y le dice que lo necesita a las 5 p.m., pero sabe que no hay forma de que pueda hacerlo en solo dos horas. ¿Qué hará?

¿Por qué hacen esta pregunta? El entrevistador quiere saber cómo manejará una tarea poco realista o irracional.

Deles una estrategia que les muestre que usted es un jugador de equipo y hará lo que sea necesario para lograr el objetivo, pero también que es capaz de darles un punto de vista realista cuando sea imposible cumplir ese objetivo:

> *"Le diría a mi jefe que borraré mi calendario por el resto del día y haré todo lo posible para completar la mayor parte del trabajo posible. También daría una idea de que creo que tardará más de dos horas en completarse, y preguntaría si es una fecha límite difícil. Si no es así, me quedaría tarde si fuera necesario para completarlo. Si es una fecha límite difícil, le preguntaría al jefe si podría pedirles a algunos compañeros de trabajo, a quienes sé que también podrían contribuir, que dejen lo que están haciendo para que podamos trabajar juntos en esto y completarlo antes de la fecha límite".*

¿Cómo le diría a su jefe que está 100% equivocado sobre algo?

¿Por qué hacen esta pregunta? El entrevistador quiere entender cómo usted puede manejar temas delicados sobre la administración mientras se mantiene el protocolo.

Dígales que todo lo que haría dependerá de la situación, al tiempo que respeta la gestión:

> *"Lo manejaría dependiendo de la situación. Si es algo intrascendente para mi trabajo, mi jefe y el resultado final de la empresa, tendría que pensar en cómo manejaría mi jefe que me dijeran que estaban equivocados y posiblemente olvidarlo. Si se tratara de algo que pudiera afectar la productividad de la empresa y la capacidad de la empresa para cumplir sus objetivos, le pediría hablar en privado con el jefe. Me gustaría decirles que su información era incorrecta en una reunión. Explicaría que confío en su información, pero que, en este caso, creo que están equivocados y por qué. Le dejaría al jefe decidir qué hacer con la situación".*

¿Despediría a una persona si fuera necesario?

¿Por qué hacen esta pregunta? El entrevistador quiere ver si usted puede tomar decisiones difíciles y ocupar un puesto directivo.

Tiene que demostrarles que puede manejar tareas difíciles. Dígale por qué puede manejarlo:

"Bueno, en este rol, sé que tendré que tomar algunas decisiones difíciles. Es una experiencia que revuelve el estómago, el tener que despedir a alguien. Cuando no se siente así, probablemente alguien no debería hacerlo. Con la forma en que me gestiono, estoy buscando que mi empresa funcione de la manera más eficiente posible. Cuando hacemos eso, podemos ayudar a todos los empleados de la compañía a apoyar a sus familias. De vez en cuando, las personas ya no encajan, y tenemos que despedirlos para ayudar a la empresa a funcionar de la manera más eficiente posible".

Hábleme acerca de un momento en el que permaneció firme

A los entrevistadores les gusta averiguar si los candidatos pueden demostrar que pueden seguir trabajando duro y permanecer persistentes durante situaciones difíciles. Para evaluar sus habilidades, un entrevistador podría hacer cualquier variación de preguntas como:

- Una fuerte ética de trabajo
- La voluntad de hacer un esfuerzo adicional
- Capacidad para manejar una situación difícil
- Persistencia

Veremos una muestra de respuesta para el puesto de asistente médico. Algunas de las responsabilidades de este trabajo podrían incluir consultar con los médicos sobre el tratamiento, realizar exámenes y entrevistar pacientes:

"Trabajé en el Hospital de Chicago como asistente médico. Hubo una paciente que entró en la clínica con una erupción en el hombro. Ella ya había visto a cuatro médicos, dos de

los cuales eran especialistas en alergias, y ninguno de ellos pudo ayudarla. Me reuní con ella y tomé nota de su historial médico completo. Le pregunté sobre su hogar y su entorno laboral. Luego comencé a investigar algunas posibles causas de la erupción. También hablé con su hija, que acababa de regresar de Madagascar. Pude encontrar un artículo sobre una reacción alérgica rara que fue causada por una tela hecha de una planta de Madagascar. La remití a un médico especializado en reacciones alérgicas raras. Confirmó que la erupción fue causada por una camisa que su hija había traído de Madagascar. A través de mi investigación y evaluación, pude diagnosticar algo que otros cuatro médicos obviaron. Me encanta poder resolver problemas como este, y haré todo lo que tenga que hacer para conocer la causa del problema del paciente".

Los entrevistadores buscan descubrir que usted está dispuesto a hacer un esfuerzo adicional para cumplir con su trabajo. Al dar este tipo de respuesta a una pregunta como esta, se hará destacar entre los demás candidatos.

Cuénteme sobre un momento en que tuvo que establecer prioridades

Esta es la pregunta perfecta para ver si un candidato puede priorizar una carga de trabajo difícil. Cuando se trata de esta pregunta, el entrevistador está buscando averiguar si usted puede tomar buenas decisiones y también mantener informados a sus supervisores cuando tenga que hacer concesiones.

Esto también les muestra si usted puede delegar el trabajo cuando sea posible y elegir el proyecto que necesita su atención de inmediato sobre los que pueden esperar. Veremos una gran respuesta al puesto de asistente administrativo. Algunas de las responsabilidades para esto podrían incluir realizar tareas administrativas, preparar un informe de gastos y programar citas:

"En mi empleo actual, ayudo al vicepresidente de ventas. El mes pasado, me estaba preparando para la reunión nacional de ventas cuando mi jefe me hizo una solicitud urgente de

nuestro CEO para organizar una gira de mercado para un miembro de la junta. Me puse en contacto con tres de nuestros directores de ventas regionales para ver si uno podía organizar la gira. Uno de ellos estaba entusiasmado con la oportunidad, así que le pedí que planificara la gira. Hablé con el asistente del CEO para trabajar con el director de ventas en los detalles de la gira. Les pedí que me copiaran sus planes para que pudiera decirle a mi jefe lo que estaba sucediendo. Para la reunión de ventas, recluté a una analista de ventas que estaba interesada en la planificación de la reunión. Ella pudo ayudarme a encontrar un lugar, coordinar la presentación y administrar la lista de asistentes. Durante todo esto, envié actualizaciones periódicas a mi jefe sobre la reunión y la gira. Como encontré una manera de delegar el trabajo de ambos proyectos a los miembros del equipo que realmente querían ayudar, ambos proyectos terminaron siendo un éxito. Encuestamos a los asistentes a la reunión, y la reunión fue calificada como una de las mejores en los últimos diez años. Después de la gira, el miembro de la junta envió un informe brillante al CEO. El CEO dijo que esta gira fue la razón principal por la cual mi jefe fue ascendido a vicepresidente senior de ventas y marketing. Estoy orgulloso de esto porque me encanta ver que una persona a la que apoyo sea ascendida".

La conclusión de la respuesta fue excelente porque muestra que el entrevistado está feliz por los demás cuando suceden cosas buenas. Dado que el entrevistador podría ser su jefe, podrán establecer la conexión que podría ayudarle a lograr más éxito en la empresa.

Esto muestra que el candidato es flexible. A los empleadores les gustan las personas que pueden adaptarse a las circunstancias cambiantes del lugar de trabajo al ubicar a otros para que ayuden en los proyectos.

¿Cuál es su tolerancia al riesgo?

Los entrevistadores harán esta pregunta para ver si su tolerancia al riesgo está en línea con la cultura de la empresa. La respuesta dependerá de cómo su posible empleador vea el riesgo.

Hay algunas industrias, como la alta tecnología, donde se alienta mucho el riesgo como parte de su proceso de desarrollo. Hay otras industrias, como el campo médico, donde el riesgo debe evitarse a toda costa.

Veremos una respuesta a la posición de un desarrollador de software. Algunas de las responsabilidades de este trabajo podrían incluir implementar parches, probar software y diseñar aplicaciones de juegos de computadora:

> *"Me encanta cuando tengo la oportunidad de correr riesgos. Estos riesgos me permiten aprender y ampliar mis habilidades. Por ejemplo, hace un par de años, estaba ayudando a desarrollar un juego de disparos en primera persona. Me asignaron la tarea de diseñar armas para el juego. Las especificaciones originales requerían armas estándar. Sentí que sería más interesante ver si podía diseñar las balas para que explotaran en el impacto. Pasé un par de días investigando la codificación que se utilizó para crear la explosión en un accidente automovilístico en un juego de carreras. Después de algunos intentos fallidos, pude replicar esos efectos en el juego en el que estábamos trabajando. Pude crear un arma que llamamos "The Zombie Killer", con un intenso efecto de explosión que era mejor que cualquier otra arma en el juego. Esta arma que creé fue la razón principal por la que nuestro juego fue calificado como el número uno para juegos de disparos en primera persona".*

Ahora, veremos otra respuesta que sería apropiada para un trabajo que no quisiera que corriera riesgos. Esta respuesta es para un farmacéutico. Algunas de las responsabilidades podrían incluir instruir a los pacientes sobre cómo usar su medicamento, verificar las instrucciones del médico y surtir recetas:

"Tomo medidas cuidadosas para evitar riesgos. En el mundo de la farmacia, los riesgos pueden terminar teniendo consecuencias de vida o muerte. Por ejemplo, hace un par de años, estaba terminando mi residencia en una pequeña farmacia. Tuve que revisar las recetas para ayudar a reducir el riesgo de reacciones adversas. Como no tenían un sistema automatizado para detectar estos problemas, ofrecí encontrarles un programa que pudiera ayudar. Investigué un poco para encontrar el mejor software. Cuando encontré un buen software, se me ocurrió una prueba beta para asegurarme de que funcionara correctamente en su sistema informático. Durante los siguientes seis meses, verificamos para asegurarnos de que el software detectara las posibles reacciones adversas en cada una de las recetas. Durante nuestra prueba beta, descubrí que el software no funcionaba bien con el sistema informático. Convencí al propietario para que invirtiera en algunas computadoras nuevas para que el software funcionara correctamente. Terminé la prueba beta para asegurarme de que el software iba a funcionar. Cuando mi residencia llegó a su fin, la farmacia se sometió a una auditoría, donde la FDA revisó las recetas surtidas durante los últimos tres años. Descubrieron que después de que comenzamos a usar el software, la cantidad de combinaciones de drogas posiblemente dañinas disminuyó en un 80 por ciento. Como tuve mucho cuidado, la farmacia se convirtió en un lugar más seguro para dar recetas".

Es fácil ver que usted necesita asegurarse de que su respuesta a una pregunta como esta se adapte a la función que desea obtener. Durante su investigación, debe poder saber si se fomentan los riesgos dentro de su campo elegido. También usted debe intentar averiguar si alguien de la empresa puede proporcionarle una indicación de cómo perciben los riesgos.

Si fomentan la toma de riesgos y le gustan los riesgos, hágales saber eso. Si desalientan los riesgos y usted tiene cuidado, infórmeles. Si su punto de vista sobre los riesgos no se alinea con el de la compañía, es posible que deba dejar ese trabajo e intentar encontrar un puesto y una compañía que se alinee mejor con sus puntos de vista. No hay nada más frustrante que trabajar en un lugar que no sea una buena opción para usted.

¿Qué está buscando?

Este grupo de preguntas le permitirá al entrevistador saber qué espera obtener usted si le dan el trabajo. Esto les da una idea de cuán confiable sería cuando se trata de la programación, así como de lo que usted está buscando para obtener un salario.
Si bien esto no parece algo que usted pueda investigar, en realidad puede investigar mucho sobre estas preguntas. Debe asegurarse de antemano de que la compañía pueda satisfacer su salario, vacaciones, horario y beneficios. Si no, entonces debería buscarse una compañía diferente.
Si usted cree que podrán satisfacer sus necesidades, prepare algunas respuestas para este tipo de preguntas. El marco variará con cada una de estas respuestas, pero muchas de ellas usarán el marco que hemos utilizado en secciones anteriores.

¿Cuándo puede comenzar?
Si usted se asegura de estar preparado adecuadamente, existe una buena posibilidad de que su entrevista pueda terminar con la pregunta "¿cuándo puede comenzar?". Incluso si no se hace esta pregunta, debe asegurarse de estar preparado para ella, ya que, con suerte, esta pregunta surgirá poco después de su entrevista.
Debe contestar esto sinceramente. Por supuesto, todas estas preguntas deben responderse con sinceridad, pero para esta pregunta,

los candidatos con mayor frecuencia responderán con la respuesta que creen que el entrevistador está interesado en escuchar en lugar de dar una respuesta realista. Si todavía usted tiene que avisar a su empleador actual con dos semanas de anticipación, infórmeselo.

Además, está perfectamente bien preguntar cuándo el entrevistador quiere que usted comience a trabajar. Si son flexibles con la fecha de inicio, puede negociar un poco. Pueden estar dados a retrasarla un poco si usted les dice que está dispuesto a tomarse un tiempo libre entre el trabajo antiguo y el nuevo. Usted no sabrá esto si no pregunta, pero seguro que sí. Prefieren a alguien que no tenga miedo de obtener toda la información. Aquí hay una excelente manera de responder esta pregunta:

"¿Tenía en mente una fecha específica en la que le gustaría ocupar este puesto? Mi empleador actual requiere que les avise con dos semanas de anticipación, algo que puedo hacer tan pronto como negociemos los detalles de la oferta. Sin embargo, si está buscando a alguien para comenzar más tarde, estoy dispuesto a seguir adelante y dar mi aviso y luego tomarme un tiempo libre antes de comenzar a trabajar con usted. Dígame si esto le funciona".

Esta es una respuesta perfecta porque muestra que el candidato está interesado en el trabajo, pero también muestra que esperan negociar una oferta. Usted desea que el entrevistador esté interesado, pero no que tengan la impresión de que usted está dispuesto a aceptar cualquier oferta. Dada la oportunidad, usted debe informarles que aceptará la oferta correcta y que desea que sea justa.

¿Por qué no es su salario más alto en este momento de su carrera?

¿Por qué hacen esta pregunta? El entrevistador quiere saber qué salario se encuentra dentro de sus objetivos profesionales.

Cuénteles sobre sus estrategias para prepararse para las ganancias más altas posibles en lugar de simplemente tomar el trabajo que viene a continuación que ofrezca más dinero:

"Hasta ahora en mi carrera, trataba de contribuir a la organización y obtener toda la experiencia que pude. Tomé

algunos trabajos que pagaban en el medio del mercado en lugar de los más altos, ya que sabía que esas empresas me desafiarían y tendría una gran oportunidad para aprender. Como he adquirido mucha experiencia, siento que estoy en condiciones de buscar un trabajo que cumpla con mis dos objetivos, que son los que me desafían junto con el salario que está cerca del extremo superior de la escala".

¿Qué es lo más importante para usted en este puesto?

¿Por qué hacen esta pregunta? El entrevistador quiere saber cuáles son sus expectativas para el trabajo para poder determinar si usted encajará bien.

Piense en algunos de los elementos del trabajo que está solicitando y agréguelo a su respuesta:

"Puedo trabajar en varios entornos, pero si tengo que elegir solo un par de aspectos de este puesto, sería un entorno en el que pueda seguir asumiendo más responsabilidades a medida que crezca en mi trabajo y que sea el equipo basado en donde podemos trabajar juntos para cumplir con los objetivos".

¿Cuál es su expectativa de salario?

Esta es una pregunta difícil pero importante. Esta pregunta puede influir en la entrevista a lo grande. La razón por la que se hace esta pregunta es para ver si la empresa puede permitírselo antes de que se tomen el tiempo para convencerlo de que trabaje para ellos.

También podrían estar buscando ver cómo usted valora su trabajo. ¿Tiene la confianza de pedirle el dinero que se merece o está dispuesto a aceptar cualquier oferta que le den? Las preguntas de salario se harán de una de dos maneras; a veces hacen ambas preguntas:

1. ¿Qué está haciendo actualmente?
2. ¿Qué quiere hacer?

Estas preguntas pueden hacerse al principio o hacia el final de su entrevista. A veces, es bueno cuando estas preguntas entran en la conversación porque indica que están interesados en usted. Por otro lado, si usted no está preparado, esto podría causar un paso en falso y costarle el trabajo.

Antes de ir a la entrevista, es imprescindible que usted verifique el sueldo actual para los trabajos en su campo y ubicación. Puede encontrar esta información en sitios como glassdoor.com. Esto debería ayudarlo a encontrar un salario razonable.

En segundo lugar, debe llevar la pregunta sobre el salario lo más cerca posible del final de la entrevista. Si se le pregunta desde el principio sobre las expectativas salariales, puede responder con:

> *"Estoy buscando más para encontrar una posición que se ajuste a mis intereses y habilidades. Estoy seguro de que ofrecerá un salario competitivo en el mercado actual".*

Esto les muestra que usted confía en lo que puede hacer y que se respeta lo suficiente como para no venderse en corto. También les está dando la oportunidad de ganarse su respeto. Con tacto, les hará saber que no está desesperado. Si lo presionan más, puede responder con:

> *"De acuerdo con algunas investigaciones que he realizado y mi experiencia, entiendo que 75 a 90k por año generalmente se basa en los requisitos y el rol".*

Esto enmarca la respuesta de una manera que les proporciona una respuesta directa y dura. En cambio, usted les ha demostrado que se ha tomado el tiempo para investigar y pueden trabajar juntos para encontrar una cantidad aceptable.

¿Cuántas horas quiere trabajar?

Al igual que las preguntas sobre salarios, esta es una de las que debe tener cuidado con respecto a su respuesta. Usted no debe parecer holgazán o adicto al trabajo. Es mejor si puede evitar darles un número exacto, si es posible. Nunca se sabe realmente si el entrevistador está buscando saber acerca de su eficiencia o su disposición a trabajar una semana laboral estándar.

Antes de su entrevista, mire la cultura de la empresa. Si claramente les gustan las personas que trabajan solo la cantidad requerida de horas, enfatice su gestión del tiempo y sus habilidades organizativas. Si les gustan las personas que trabajan largas horas, demuéstreles que es flexible y que está dispuesto a trabajar.

Echemos un vistazo a una buena respuesta a esta pregunta:

"Siempre he sido excelente para crear y mantener un horario eficiente que me permita trabajar la misma cantidad de horas cada semana. Por supuesto, si tengo un proyecto particularmente importante, estoy bien con aumentar un poco mis horas para asegurarme de producir mi mejor trabajo".

¿Cuál es su disponibilidad?

Cada trabajo que solicite le preguntará sobre la disponibilidad de su trabajo, y es importante que sea honesto acerca de sus compromisos. Si usted sabe que tiene que llevar a sus hijos a la escuela por la mañana, infórmeles.

Si está buscando un puesto de tiempo completo, asegúrese de enfatizar que está dispuesto y que puede dedicar una semana laboral completa y que estaría dispuesto a dedicar horas extras ocasionales. Si solicita un turno o un trabajo a tiempo parcial, asegúrese de tener clara su flexibilidad y las horas que puede trabajar.

Aquí hay una buena respuesta para el turno o el trabajo a tiempo parcial:

"Tengo disponibilidad durante el horario escolar mientras mi hijo está en la escuela, de nueve de la mañana a tres de la tarde, de lunes a viernes. También puedo trabajar la mayoría de los fines de semana, especialmente durante el día".

Tenga en cuenta que los empleadores no están autorizados legalmente a preguntarle si tiene hijos, y no tiene que ofrecer esa información.

Aquí hay una buena respuesta si está solicitando un trabajo a tiempo completo:

"Estoy disponible de lunes a viernes y soy flexible con respecto a la hora de inicio y finalización. También estoy dispuesto a tomar algunas horas adicionales si es necesario".

¿Fue usted o fueron ellos?

En este grupo de preguntas, veremos todo lo que el entrevistador podría preguntar sobre sus trabajos anteriores. Estas preguntas les permiten ver qué tipo de empleado es usted. Es importante que recuerde lo que se debe hacer y lo que no se debe hacer, lo cual fue descrito anteriormente en el libro. No importa cuánto odie su último trabajo o su último supervisor, no debe dejar que esas emociones afecten su respuesta. Si lo hace, eso dejará una mala impresión, y se verá como poco profesional.

También, usted debe asegurarse de decir la verdad. Recuerde: pueden averiguar si estaba mintiendo. Una simple llamada telefónica a su empleador anterior les hará saber lo que sucedió.

¿Por qué dejó su último trabajo?

Los empleadores tienden a sentir curiosidad por saber por qué usted dejó su último trabajo. Están buscando contratar a una persona que se quede por un tiempo, así que asegúrese de estar preparado para explicar por qué dejó los trabajos anteriores que tenía.

Es probable que haya una serie de razones por las que usted dejó su trabajo, así que trate de enfocarse en la razón que muestra que es mejor para el nuevo trabajo que para su último trabajo.

Algunas buenas razones para dejar un puesto incluyen buscar más responsabilidad, cambiar la dirección de su carrera para enfocarse en sus pasiones o mudarse a una nueva área o razones familiares. Estos tipos de respuestas muestran que usted tiene lazos familiares, de pasión o ambición con el lugar donde busca trabajo.

Algunas malas razones para dejar un puesto incluyen no gustarles a sus compañeros de trabajo, aburrirse o irse porque quería un cambio. Este tipo de respuestas le dice al empleador que usted puede ser alguien con quien es difícil trabajar, que tiene poca capacidad de atención o es una persona insatisfecha.

Echemos un vistazo a una buena respuesta para una persona que ha cambiado de trabajo varias veces y que está buscando ser contratada como asistente médico. Algunas de las responsabilidades para esto podrían incluir ayudar con los exámenes de los pacientes, registrar historias clínicas y entrevistar a los pacientes:

"Desde la secundaria, he tenido tres trabajos diferentes. Mientras obtenía mi título de asociado, trabajé como asistente de cuidado personal a tiempo parcial para una mujer mayor. Si bien disfrutaba lo que hacía, no había posibilidad de que se convirtiera a tiempo completo una vez que me gradué, así que me mudé a un trabajo a tiempo completo. A continuación, trabajé de manera ordenada. Me encantaba trabajar con el personal médico y los pacientes, pero estaba buscando más responsabilidad, así que tomé un trabajo como asistente médico. Trabajé en ese puesto durante dos años y luego mi esposo fue transferido a Chicago. Por lo tanto, estoy buscando conseguir un trabajo de asistente médico aquí. Me encanta trabajar como asistente médico, y estoy muy emocionado de encontrar un trabajo donde pueda ayudar a la organización".

Esta es una gran respuesta porque cada trabajo cambió a la persona y la acercó al puesto para el que le estaban entrevistando. Es fácil para el empleador ver que a usted le apasiona su carrera. El puesto que busca se ajusta mejor a sus necesidades y objetivos. Esto significa que es probable que se mantenga con este trabajo durante mucho tiempo.

¿Qué responsabilidades tenía en su último trabajo?

¿Por qué hacen esta pregunta? El entrevistador quiere saber si para lo que le están entrevistando es similar a otro trabajo o si aumentará sus responsabilidades.

Piense en las responsabilidades que tendrá en el trabajo para el que le están entrevistando cuando describa su trabajo anterior. Usted debe mostrarles que puede manejar las responsabilidades del nuevo trabajo, ya que ya ha realizado la mayoría de ellas en el trabajo anterior:

> *"Por la forma en que entiendo este trabajo, la mayoría de las responsabilidades de mi trabajo anterior habrían sido similares, incluyendo..."*

¿Su trabajo le ha afectado su vida privada?

¿Por qué hacen esta pregunta? El entrevistador quiere saber cómo usted equilibra su vida personal y profesional.

Deles ejemplos que demuestren que usted tiene una ética de trabajo sólida y la capacidad de equilibrar su vida profesional y personal:

> *"La vida familiar es mi primera prioridad, pero tengo que equilibrarla en torno a un trabajo. Si no estoy haciendo mi trabajo y / o creando un estilo de vida financieramente sostenible para mi familia y para mí, entonces será difícil para mí concentrarme en algo. Es por eso que estoy buscando un nuevo trabajo que me permita hacer esto. No considero que mi trabajo afecta a mi estilo de vida, sino más bien busco el equilibrio de los dos. Si mi trabajo me hace quedarme tarde en la oficina por unos días, entonces tendré la oportunidad de pasar tiempo con la familia el fin de semana o despertarme más temprano cada mañana".*

¿Por qué hay una brecha entre (esta fecha) y (esta fecha)?

¿Por qué hacen esta pregunta? El entrevistador quiere saber más sobre su ética de trabajo y está preocupado por la brecha en su empleo. Quieren saber si usted fue despedido, renunció y, de ser así, por qué.

Incluso si la razón por la cual hay una brecha en el empleo no fue su decisión, enmárquelo en un sentido positivo. Hábleles de cualquier error que haya aprendido y las formas en que lo han mejorado:

"Desafortunadamente, me despidieron debido a la reducción de personal. Disfruté mi año y medio en la empresa. Me permitió aprender más sobre la banca y me ayudó a desarrollar mis habilidades. Al principio, fue un poco difícil administrar mi tiempo de manera efectiva, pero mejoré mucho y espero mostrar mis habilidades en la próxima oportunidad".

¿Qué no le gustó de su trabajo anterior?

¿Por qué hacen esta pregunta? Nada saldrá como se esperaba en un trabajo. El empleador quiere saber cómo lidiará con ello.

Háblele sobre una cosa que podría ser aplicable a un trabajo anterior, pero que no crea que sea un problema con el trabajo que usted está solicitando ahora. Explique cómo puede haber algunas cosas que no le gustaron, pero que podría funcionar con éxito:

"Normalmente no me concentro en los aspectos negativos de un trabajo, ya que creo que es imposible trabajar en perfectas condiciones. Parte de tener un trabajo es la capacidad de trabajar en un entorno colaborativo. La gerencia dijo que nos comunicáramos con ellos cada vez que terminamos una tarea en lugar de consultar con compañeros de trabajo para ver si necesitan ayuda. Desafortunadamente, esto ralentizó nuestro proceso y no pudimos ayudarnos mutuamente de manera efectiva".

¿Qué jefe fue el peor?

¿Por qué hacen esta pregunta? Se producen conflictos con la administración y el entrevistador está tratando de entender cómo puede sobrellevar el problema.

Usted debe admitir que tiene problemas para trabajar con un gerente específico y por qué. Explique la forma en que trató el problema y el resultado:

"Bueno, no diría que ninguno de mis jefes fue el peor. Es normal que los gerentes y las personas se las arreglen para

tener un conflicto de vez en cuando. Había un jefe que me preocupaba porque las cosas con él comenzaron con el pie equivocado. Había trabajado unos dos años en un trabajo y me asignaron a un nuevo gerente. La forma en que gestionaba las cosas fue muy diferente a la de mi otro gerente, y tuve que aprender a adaptarme. Estaba acostumbrado a un gerente práctico, y este nuevo era muy práctico. Cada uno tenía diferentes maneras en que querían comunicarse e comunicar la información. Después de algunos pasos en falso con el nuevo gerente, solicité hablar con él para aclarar las cosas y descubrir cuáles eran sus expectativas. Fue muy útil, y terminamos trabajando juntos mucho mejor después de eso".

¿Por qué renunció a su último trabajo?

¿Por qué hacen esta pregunta? El entrevistador quiere saber qué le hizo renunciar a un trabajo. Quieren saber si esto podría o no suceder si usted tomara este trabajo.

Bríndele una explicación que se centre en las razones por las cuales esa situación en particular no funcionaba para usted, lo que aprendió de ella y por qué un nuevo trabajo sería mejor para usted:

"Había estado en mi último trabajo durante cuatro años. Fue una gran experiencia, ya que estaba a punto de estar con una empresa mientras crecía de un equipo de cuatro a 20 empleados. Se me ofreció la oportunidad de capacitar a otros y servir en un rol de liderazgo de equipo. Cuando la industria sufrió una recesión, el equipo disminuyó y ya no tuve la oportunidad de usar mis nuevas habilidades. Comencé a entrevistarme para otros puestos antes de irme, pero se hizo demasiado difícil asistir a varias entrevistas de seguimiento sin que esto afectara mi trabajo. Decidí irme para poder concentrarme completamente en encontrar la próxima oportunidad".

¿Cuál es el trabajo más aburrido que ha tenido?

¿Por qué hacen esta pregunta? El entrevistador quiere saber qué entorno es adecuado para usted.

Trate de concentrarse en un trabajo donde el conjunto de habilidades requeridas sea completamente diferente al que está entrevistando. Dígales cómo mantuvo su profesionalismo y lo excedió a pesar de que el trabajo no fue tan divertido como pensaba que sería:

"El primer trabajo que tuve fuera de la universidad fue la entrada de datos todo el día, todos los días. Me gusta estar cerca de las personas, y este trabajo era muy aburrido. A pesar de encontrar el trabajo aburrido, alguien tuvo la confianza de darme una oportunidad, y me enorgullecí de mi trabajo e hice lo mejor que pude. Terminé siendo el empleado con la mayor precisión y velocidad".

¿Por qué ha tenido tantos trabajos?

¿Por qué hacen esta pregunta? El entrevistador quiere saber cuánto tiempo usted va a permanecer en este trabajo y está preocupado por su pasado.

Trate de enfocarse en por qué este trabajo es ideal para usted y por qué cambió de trabajo para poder avanzar:

"He tenido que arriesgarme para aprender y avanzar para poder competir por este trabajo. Cada oportunidad fue una excelente manera de aprender al principio de mi carrera. Ahora estoy buscando una oportunidad sólida en la que pueda crecer".

¿Cuáles son sus razones?

Con este conjunto de preguntas, el entrevistador busca averiguar por qué usted está interesado en el trabajo. Esto les permite saber cuánto tiempo y energía está dispuesto a invertir en su función. Una persona que solicita el trabajo por el dinero probablemente no va a trabajar tan duro como una persona apasionada por el puesto.

Si bien no hay nada de malo en ir tras el trabajo porque ofrece un salario decente, responder estas preguntas con una respuesta simple, "el dinero es bueno", no lo distinguirá de los demás. Usted tiene que explicar por qué quiere el trabajo, incluso si no se le pagara tanto por el trabajo que hará.

¿Por qué está interesado en este puesto?

Los entrevistadores utilizan esta pregunta para ver qué tan comprometido está usted con el puesto. Están interesados en contratar a una persona que esté dispuesta a permanecer en el puesto durante muchos años para no tener que volver a pasar por el proceso de la entrevista nuevamente.

Utilizaremos el marco de pasión para este, y utilizaremos el puesto de gerente de cuentas de una agencia. Algunas de las responsabilidades de este trabajo podrían incluir la ejecución de programas de marketing, la planificación de proyectos de desarrollo y la gestión de las relaciones con los clientes:

> *"Siempre me ha encantado crear soluciones creativas para los problemas que otros consideran desafiantes. Cuando asistía a Western University para obtener mi licenciatura en administración de empresas, trabajé como pasante de verano en una agencia de marketing y me encantó. Después de graduarme, me contrataron, y he trabajado allí durante los últimos tres años. Mientras estuve allí, fui ascendido de coordinador asistente de cuenta a gerente de cuenta. Me encantaría trabajar para su empresa porque quiero que mi carrera avance en una agencia que fomente la creatividad y el pensamiento. Por ejemplo, me encanta la campaña que hicieron ustedes para Top Performance Sports, especialmente los videos cortos que integraste para su equipo de fútbol con la tienda en línea que crearon para él. También tengo una amiga que trabaja aquí. Ella ha mencionado el enfoque de iteración rápida y la cultura orientada al equipo. Su enfoque y cultura encajan bien con mi estilo colaborativo y orientado a la acción. También me ha dicho que tiene las mejores mentes creativas de la industria, por lo que es la compañía perfecta para las personas que buscan encontrar soluciones creativas para problemas desafiantes. Este es el tipo de entorno en el que estoy buscando trabajar".*

Esta es una gran respuesta porque el candidato le dice al entrevistador que siente pasión por algo que está en el centro del puesto, que son las soluciones creativas. Si alguna vez usted se enfrenta a este tipo de preguntas, asegúrese de explicar cómo sus experiencias y pasiones se alinean con el rol que está buscando.

¿Qué espera de este trabajo?

Si se ha tomado el tiempo de investigar la compañía, esta debería ser una de las preguntas más fáciles que le harán. El entrevistador está verificando si usted realmente desea el trabajo que está solicitando. Usted debe responder las preguntas directamente.

Veremos una respuesta a la posición de un contador fiscal. Algunas de las responsabilidades que podría incluir esta posición son llevar a cabo programas de capacitación en regulación fiscal, reunirse con clientes para hablar sobre asuntos fiscales y preparar declaraciones de impuestos:

> *"Me encanta entrenar personas. Soy un experto residente en los programas de software de mi empresa actual que se utiliza para preparar declaraciones de impuestos. Me encanta dirigir las sesiones de capacitación para el software, y quiero hacer más de eso. En mi próximo trabajo, quiero poder aplicar mi conocimiento de las declaraciones de impuestos estatales y federales y el software de computadora para enseñar a otros cómo tener éxito en sus trabajos. Quiero mejorar el mundo de todos en el departamento para que seamos un equipo de alto rendimiento. Espero que esto incluya los principales programas regulares de capacitación que repasarán los programas de software y las regulaciones fiscales"*

Si bien esto parece una respuesta muy obvia dada la descripción del trabajo, a un gerente de contratación le encantaría obtener esta respuesta. Le sorprendería saber con qué frecuencia los candidatos responderán preguntas con respuestas no relacionadas, poco realistas o vagas. Por ejemplo, cuando se trata de trabajos de nivel de entrada, algunas personas dirán cosas como "me gustaría tener un trabajo donde pueda establecer mis propios horarios" o "quiero obtener un ascenso rápidamente".

Cuando se trata de esta pregunta, la mejor respuesta es una simple descripción del trabajo. Además, es importante que usted le haga saber al entrevistador que está interesado en desarrollar y aprender más habilidades. Esto les permite saber que usted está motivado.

Cómo venderse

Estas preguntas tienden a ser algunas de las preguntas más difíciles de responder. No solo usted tiene que sonar bien, sino que está respondiendo preguntas que finalmente deben ser respondidas por el gerente de contratación. Estas preguntas pueden causar mucho estrés, especialmente si usted no está preparado para ellas.

Al igual que sus fortalezas y debilidades, estas preguntas le dan al entrevistador una idea de quién es realmente y cómo se ve a sí mismo. Si bien usted puede parecer que no lo sería, estas preguntas les ayudan a ver qué tan bien trabajaría con los demás. Una persona que piensa muy bien de sí misma y responde a estas preguntas de manera egocéntrica probablemente no funcionaría muy bien con otras personas. Son más propensos a chocar con sus compañeros de trabajo.

Usted no debe dejar que preguntas como estas lo pillen por sorpresa. De hecho, es mejor si no lo hacen. Ningún entrevistador quiere escucharle decir "um" por un minuto mientras trata de descubrir qué es lo que quieren escuchar.

¿Por qué debo contratarlo?

"¿Por qué debería contratarle?" es una pregunta muy común durante una entrevista de trabajo. Nunca les dé una respuesta corta como "seré un gran trabajador" o "haré un gran trabajo". Usted debe diferenciarse de los demás candidatos y proporcionar respuestas específicas. Proporcione al entrevistador un ejemplo claro que demuestre que usted es el que mejor se ajusta al puesto que está solicitando.

Veremos una respuesta de ejemplo para el puesto de gerente de información. Las responsabilidades para este trabajo podrían incluir analizar mercados y tendencias competitivas, recomendar mejoras a los programas existentes e identificar oportunidades de negocio:

"Me encanta cuando encuentro nuevas formas de hacer crecer un negocio. Entiendo que está tratando de encontrar a alguien que pueda estudiar a los consumidores para descubrir oportunidades de crecimiento e investigar las tendencias del mercado. He demostrado una gran habilidad en esas áreas mientras estaba en One Shot Photography como analista de conocimientos. Descubrí que estábamos perdiendo participación porque nuestros consumidores estaban eligiendo los estudios más pequeños. Investigué el problema y encontré una estrategia de segmentación que nos proporcionó un nuevo enfoque de marketing. Luego diseñé y ejecuté el nuevo plan que nos dio un nuevo mensaje de marketing y una campaña en las redes sociales. Esto le dio a la compañía su primer año de crecimiento de ventas en más de cuatro años. Desde entonces, han crecido cada año. Si me contrata, traeré mi pasión por hacer crecer un negocio utilizando mis habilidades de investigación".

Esta respuesta es muy buena pues conecta la pasión del candidato con el rol que desea. Para un trabajo como este, el gerente de contratación querrá una persona que pueda demostrar su capacidad para encontrar formas en que un negocio pueda crecer, y esta respuesta demuestra que esta persona puede hacer eso.

¿Por qué usted es el mejor candidato?

Esta pregunta se incluirá para que el gerente de contratación pueda ver si comprende completamente el rol para el que usted está solicitando. Quieren ver si usted puede crear una conexión entre sus habilidades y la posición que necesitan ocupar.

Esto es muy parecido a la pregunta anterior, por lo que aún puede usar la misma estrategia para responderla. Vamos a ver un ejemplo del puesto de gerente de ventas en un concesionario. Las responsabilidades de este trabajo podrían motivar a los miembros del equipo a entregar resultados y administrar representantes de ventas:

"Sé que está buscando crear un equipo de ventas de alto rendimiento. Eso es lo que me apasiona, así que déjeme explicarle por qué soy el mejor candidato. El trabajo que tengo actualmente me tiene administrando cuatro representantes de ventas. Cuando asumí el cargo por primera vez, el equipo estaba luchando por alcanzar sus objetivos de ventas. Hablé con cada miembro para determinar su mejor papel y reestructuré las responsabilidades para que todo jugara con sus puntos fuertes. Descubrí que uno de los miembros del equipo no tenía las habilidades necesarias, así que lo reasigné a un rol diferente y contraté a una persona que tenía las habilidades necesarias. Durante los últimos dos años, mi equipo se ha convertido en el equipo de ventas mejor clasificado en el departamento. Estoy buscando encontrar una posición que me brinde un equipo más grande y más oportunidades de aumentar las ventas de una empresa. Debería ser contratado porque he demostrado mi capacidad para formar un buen equipo de ventas, y eso es lo que puedo hacer por usted".

La persona aporta trabajo en equipo, que es lo que le encanta a un gerente de contratación. Han demostrado su capacidad de ver talento en otros y encontrar a las personas adecuadas para su equipo. También muestran que tienen compasión al reasignar a la persona que no era adecuada en lugar de simplemente despedirla.

Ahora es su turno

Cuando finaliza una entrevista, puede esperar que le pregunten si usted tiene alguna pregunta o cualquier otra cosa que hacer. Si bien es probable que desee decir "no" y salir corriendo esperando dejar una buena impresión, no debe hacer eso.

Se pueden hacer varias preguntas de cierre diferentes, y cubriremos muchas de ellas. Usted puede elegir el marco para cada pregunta en función de la otra información en el libro y de lo que busca la pregunta para ayudar al entrevistador a aprender sobre usted.

¿Desea agregar algo más?

A veces, el entrevistador concluye la entrevista preguntando si hay algo más que necesiten saber sobre usted. Si todavía no están muy seguros de usted, esto les da la oportunidad de ver si usted puede convencerlos.

Cuando se trata de preguntas como esta, usted debe centrarse en algo que sea positivo. No comparta sus restricciones de viaje, las horas que preferiría trabajar o si desea una cuenta de gastos. En cambio, esta pregunta debe usarse como una oportunidad para contarles su mejor historia o para resolver problemas no resueltos de preguntas pasadas.

Veremos una respuesta a la posición de un cocinero. Algunas de las responsabilidades de este trabajo son preparar pedidos y verificar la frescura de los ingredientes:

> "Quería asegurarme de mencionar una competición de cocina que gané el año pasado. Mi último empleador me

incribió en el concurso de barbacoa del ayuntamiento. Se suponía que debía representar al restaurante con una receta directamente de nuestro menú. La mañana de la comida preparada, hablé con nuestro proveedor de productos especializados para obtener los mejores ingredientes antes de que alguien más pudiera conseguirlos. Me gusta hacer esto para el restaurante, solo para que tengamos los mejores ingredientes a mano. También me aseguré de que mi mejor asistente estuviera conmigo, así como nuestra camarera más amigable para que siempre pudiéramos cocinar y brindar un buen servicio a las personas que vinieron a probar nuestra barbacoa. Finalmente, me aseguré de elegir utensilios festivos, servilletas y cuencos para servir. La presentación es tan importante como la comida, así que quería asegurarme de que nuestra presentación fuera correcta. Como resultado, nuestra barbacoa superó a otros 20 restaurantes y ganó el gran premio. La publicidad atrajo nuevos clientes y nuestras ventas se triplicaron durante los próximos meses".

Esta respuesta le dio al candidato la oportunidad de contar su mejor historia, que no había podido compartir. Mientras usted se prepara para su entrevista, asegúrese de tener alrededor de tres o cuatro historias que resalten sus habilidades. Cuando el entrevistador le pregunte si hay algo más que desee agregar, este es su momento para brillar con su mejor valor.

¿Tiene alguna pregunta?

La mayoría de las entrevistas terminarán con el empleador preguntándole si usted tiene alguna pregunta. Esto le da la oportunidad de colocar al entrevistador en la posición de venderle el trabajo. Usted no debe hacer preguntas que presionen al entrevistador para que tenga que decirle por qué no debería trabajar para ellos o qué no le gusta. Esto les hará pensar que no deberían ofrecerle el trabajo.

Tampoco debe preguntar sobre las horas de trabajo, los beneficios o el salario. Esto puede cubrirse una vez que le hayan ofrecido el trabajo.

Sin embargo, desea que hablen sobre por qué le gusta trabajar para la empresa o por qué sienten que encajaría bien. Los entrevistadores adoran dar consejos. Solicite su consejo a una persona que podría unirse a la empresa. Esto les permitirá darle consejos como si fuera un nuevo empleado. Esto proporciona un efecto subliminal al cambiar su perspectiva de evaluar sus habilidades para verlo como un empleado entrante.

Aquí hay algunas buenas preguntas que usted podría hacerles cuando la entrevista haya terminado:

- "¿Qué es lo que más le gusta de trabajar para esta empresa?"
- "¿Cuáles son las características más importantes al considerar a alguien para este puesto?"
- "¿Qué tipo de consejo le daría a un nuevo empleado que ingrese a este puesto?"

Una vez más, todas estas preguntas le dan al entrevistador la oportunidad de hacerle saber lo buena que es la compañía y lo verán como una persona buena para el puesto.

Además, si usted les pide su consejo, les demostrará que valora su punto de vista. Además, a la mayoría de las personas les gusta ayudar a quienes buscan asesoramiento. Si la entrevista fuera bien, estarían más inclinados a ofrecerle el trabajo.

Conclusión

Gracias por llegar hasta el final de *"La entrevista de trabajo. Prepárese para ser contratado: las 100 preguntas más frecuentes y las respuestas ganadoras"*. Espero que haya sido informativo y espero haberle proporcionado todas las herramientas necesarias para lograr sus objetivos, sean cuales sean.

Las entrevistas de trabajo no tienen que ser difíciles. Con la preparación y práctica correctas, usted puede volar a través de una entrevista y salir sintiéndose genial. Tiene las habilidades, el conocimiento y los logros, ahora usted solo tiene que demostrarle al entrevistador qué puede hacer todo eso. No deje que sus nervios se apoderen de usted. Recuerde las cosas que ha leído y revíselas cuando lo necesite. Haga su investigación y lo hará genial.

Finalmente, si este libro le ha resultado útil, ¡le agradecería dejar un comentario en Amazon!

www.ingramcontent.com/pod-product-compliance
Lightning Source LLC
Chambersburg PA
CBHW030123100526
44591CB00009B/508